史彦刚

著

一本通

基金投资

金牌操盘手带你从入门到精通

三年稳赚100万

海天出版社
·深圳·

图书在版编目（CIP）数据

　　基金投资一本通：金牌操盘手带你从入门到精通，
三年稳赚100万 / 史彦刚著. — 深圳：海天出版社，
2020.3
　　（南派投资心法丛书）
　　ISBN 978-7-5507-2816-5

　　Ⅰ．①基… Ⅱ．①史… Ⅲ．①基金－投资 Ⅳ．
①F830.59

中国版本图书馆CIP数据核字(2020)第003731号

基金投资一本通：金牌操盘手带你从入门到精通，三年稳赚100万
JIJIN TOUZI YIBENTONG: JINPAI CAOPANSHOU DAI NI CONG RUMEN DAO JINGTONG, SANNIAN WENZHUAN 100 WAN

出 品 人　聂雄前
丛书策划　许全军
责任编辑　朱丽伟
责任校对　李　想
责任技编　郑　欢
装帧设计　知行格致

出版发行　海天出版社
地　　址　深圳市彩田南路海天综合大厦（518033）
网　　址　www. htph. com. cn
订购电话　0755-83460239（邮购、团购）
设计制作　深圳市知行格致文化传播有限公司 Tel：0755-83464427
印　　刷　深圳市希望印务有限公司
开　　本　787mm×1092mm　1/16
印　　张　15.5
字　　数　210千字
版　　次　2020年3月第1版
印　　次　2020年3月第1次
定　　价　68.00元

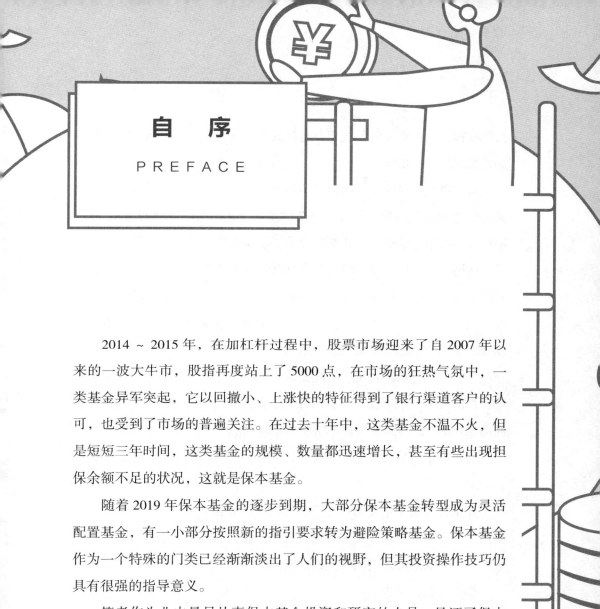

自 序
PREFACE

2014 ~ 2015 年，在加杠杆过程中，股票市场迎来了自 2007 年以来的一波大牛市，股指再度站上了 5000 点，在市场的狂热气氛中，一类基金异军突起，它以回撤小、上涨快的特征得到了银行渠道客户的认可，也受到了市场的普遍关注。在过去十年中，这类基金不温不火，但是短短三年时间，这类基金的规模、数量都迅速增长，甚至有些出现担保余额不足的状况，这就是保本基金。

随着 2019 年保本基金的逐步到期，大部分保本基金转型成为灵活配置基金，有一小部分按照新的指引要求转为避险策略基金。保本基金作为一个特殊的门类已经渐渐淡出了人们的视野，但其投资操作技巧仍具有很强的指导意义。

笔者作为业内最早从事保本基金投资和研究的人员，见证了保本基金由生到衰的过程，也经历了保本基金从多策略生长到规范化再定位的过程。也正是在基金销售和投资过程中，感受到了种种投资人心态的变化和市场情绪的影响，投资是一件不确定的事，它无法像物理学一样科学地计算出轨道，也无法像数学一样精确地演算数字逻辑与特征，但是，这种不确定性正是投资的魅力所在。

笔者在本书中以保本基金为例，透过保本基金的内在，揭秘基金投资过程中的投资策略与技巧，与投资人一起感受基金市场的变幻与特征，抓住投资的精髓。

有人曾经问过笔者，投资是不是就是一种投机？笔者觉得在某种意义上的确如此，因为面临纷繁复杂的政策变化、变幻莫测的国际环境、递次变动的市场结果，一切都有可能。前不久世界杯期间，和同事学习了一些博彩的分析，足彩对球员、球队、气候、阵容、教练的分析在很多情形下，与股票投资对宏观、微观、行业、政策的分析有许多共通之处。因此，笔者觉得投资应该是基于一定理性逻辑的投机，逻辑支撑是投资之所以能够称为投资的重要依据。

当然，有逻辑的投资不一定是成功的投资，但是成功的投资必须有它自身的逻辑。最近在《王者荣耀》中看到一句俗语"猪圈里的猪的智商都比你高"，其实经常在论坛里看到各种的议论和非议，市场也在怀疑自己，但是在投资道路的荆棘中，只有不断地披荆斩棘，才能够找到自己的方向。

如果说投资一定要总结，或者在投资中能够学到什么的话，笔者觉得是要有平和的心态。很多时候投资要战胜的是自己的心魔，破除一切窠臼，用平和的心态去应对变幻的世界。

得失有据，进退有度。

是为序。

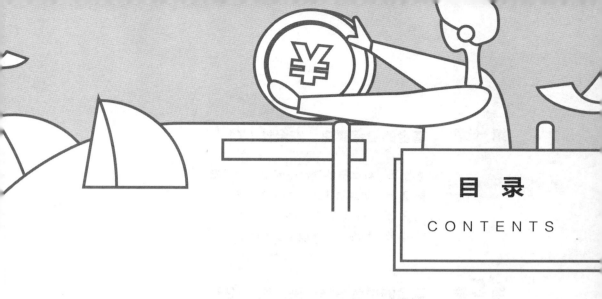

目 录
CONTENTS

第 **1** 章

保本基金回顾

CHAPTER 1

在销售基金的过程中，最常见的一个问题是怎么能够实现保本？因为从投资标的来说，股票、债券都有一定的风险，在投资的底层资产本身存在波动的情况下，如何最大程度保证客户的本金安全？

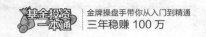
第 1 节

什么是保本基金？

昔之善战者，先为不可胜，以待敌之可胜。

不可胜在己，可胜在敌。

——孙子兵法

一、保本基金的定义

保本基金是指通过一定的保本投资策略，引入保本保障机制，保证基金份额在一定的保本周期到期时，获得本金保证的一种基金，属于风险较低、收益较稳定的基金。

国内保本基金的周期一般为 2 ～ 3 年，如果投资人在发行期认购、到期赎回，无论盈亏都可以归还投资者的本金。与银行理财的隐性保本不同，保本基金的"保本"是通过第三方担保的方式实现的。

二、保本基金的运作方式

保本基金成立日组合单位净值为 1，假设 90% 投资于固定收益类资产，10% 投资于风险资产。到期日时，固定收益类资产实现了组合的保本目标（通过票息），风险资产的运作实现了超额收益，如图 1.1 所示。

问题一：风险资产亏损了怎么办？比如 3 年时间，股票亏损超过 10%。

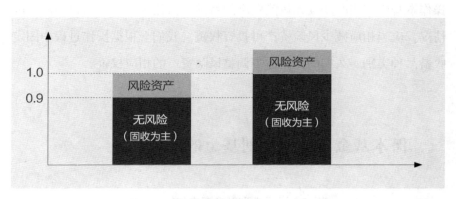

图 1.1　保本基金的运作方式示意图

一般来说，风险资产可以容忍的亏损幅度为固定收益类资产累计收益减本金。打个比方，固定收益类资产 3 年到期组合净值达到 1.05，则其中 0.05 的部分为风险资产可以容忍的亏损值，即可以容忍的亏损幅度为 0.05/0.1=50%。

问题二：风险资产的配置比重是多少？

风险资产配置比重取决于两个因素，一是固定收益资产（无风险）可以获得的票息，二是风险乘数。实际操作中，风险资产 + 固定收益资产的比重可以超过 100%，其原因就在于风险资产可以适当地超额配置。

问题三：固定收益资产是否一定是无风险的？

固定收益资产面临包括信用风险、流动性风险、久期风险等多个因素，在保本基金操作过程中，超过组合存续期限的债券资产会列入风险资产。因此，固定收益资产与无风险资产之间不是一一对应的关系。

问题四： 固定收益资产是持有到期中间不进行主动操作吗？

固定收益资产可以根据市场变化的判断进行一定的主动操作，但是操作本身不应当改变其无风险资产的特性。操作过程中如果存在浮亏的情况，应当相应减少风险资产可投资权重。我们会根据操作过程中固定收益品种类别、久期的变化适当调整风险资产的相应权重。

三、保本基金与其他类别基金的比较

表 1.1　不同类型基金费率的结构差异

基金类别	管理费率	基准	赎回费率
保本基金	0.6% ~ 1.2%	60% 中债 + 40% 股指	1% ~ 2%，阶梯费率，1 年以上保本到期日指定期间赎回不收费
股票基金	1% ~ 1.5%	90% 股指	7 天以上递减
货币基金	0.1% ~ 0.3%	存款利率	无
一般混合型基金	0.4% ~ 1%	中债、股指按比例	根据类别 7 天以上减少

从表 1.1 可以看出，保本基金一是设置了较高的赎回费率，主要是因为基金规模的较大波动会影响资金的稳定性，对于组合实现"保本"目标造成较大的影响。对于投资者而言，投资保本基金需要有一个较长时间的心理预期，避免快进快出。二是保本基金的比较基准与一般混合型基金类似，但是实际运作过程中，保本基金以实现绝对收益为目标，与股指本身的相关性较弱。

1. 发行期保本、到期赎回

不是任何时点购买的保本基金都可以承诺保本，只有在基金发行期认购、保本周期到期时赎回的基金才可以实现保本。

2. 赎回费率较高，投资者应当考虑投资的周期

一般来说，投资周期在 1 年以内的投资者不宜投资保本基金，一是保本基金建仓初期的风险资产比重较低，组合进攻型较弱，净值增长幅度有限；二是 1 年内的赎回费率较高，对于对资金有短期需求的客户来说，投资的机会成本较高。

第 2 节
保本基金的结构与演进

一、保本基金的历史演进

2003 年国内发行了第一只保本基金，即南方避险增值基金，到 2010 年年底，累计发行了 9 只保本基金。在保本基金的发展初期，受到赎回费率高、组合预期收益较低等因素影响，保本基金的规模变动不大，部分保本基金到期后转型为混合型基金。

2014 ~ 2015 年，由于保本基金骄人的业绩和攻守兼备的特征，保本基金的规模迅速扩张，2016 年上半年达到顶峰，月均发行量超过 200 亿元，共有 44 家基金公司发行了 131 只保本基金，保本基金成为偏债混合型基金的重要组成部分，如图 1.2 所示。

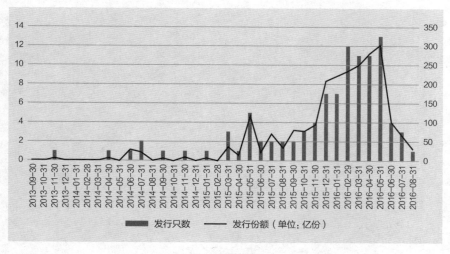

图 1.2 保本基金的发行情况

截至 2017 年年底，保本基金总份额达 1601 亿份，规模为 1701 亿元，占基金市场份额的 1.44%，其中前 5 家基金公司份额合计占比接近一半。从 2016 年 9 月保本基金峰值以来，总体规模缩水明显，总体规模下降 35%，如表 1.2 所示。

基金规模赎回的原因有几方面：一是伴随规定出台，保本基金没有新增发行；二是随着保本期到期，赎回费率下降，客户落袋为安；三是保本基金投资范围变化，久期，股票资产可配置比重下降，收益竞争力也有所下降。

表 1.2　保本基金的存量分布

基金管理人	基金份额（亿份）	保本基金只数	发行份额（亿份）	平均规模（亿份）	申赎率
长城基金	159.0	11.0	261.6	23.8	−39%
华安基金	158.5	10.0	262.0	26.2	−40%
招商基金	135.0	14.0	247.0	17.6	−45%
南方基金	109.9	5.0	165.5	33.1	−34%
建信基金	93.1	3.0	109.5	36.5	−15%
汇添富基金	91.5	4.0	135.5	33.9	−32%
广发基金	74.6	3.0	117.7	39.2	−37%
鹏华基金	68.5	4.0	113.2	28.3	−39%
博时基金	67.9	9.0	106.8	11.9	−36%
诺安基金	63.5	3.0	95.3	31.8	−33%
国泰基金	58.6	5.0	133.2	26.6	−56%
中银基金	52.1	2.0	77.6	38.8	−33%
易方达基金	37.8	1.0	46.3	46.3	−19%
工银瑞信	34.3	2.0	4.8	2.4	622%
中银国际	31.9	1.0	49.5	49.5	−36%
长盛基金	31.0	2.0	47.3	23.7	−35%
银华基金	29.3	1.0	60.7	60.7	−52%
平安大华	27.3	4.0	55.2	13.8	−51%
国联安基金	24.7	2.0	39.4	19.7	−37%
交银施罗德	22.9	3.0	37.0	12.3	−38%
华商基金	21.5	1.0	27.0	27.0	−20%
东方基金	19.9	3.0	14.4	4.8	38%
前海开源	18.8	3.0	33.1	11.0	−43%
融通基金	17.3	3.0	15.7	5.2	10%

基金管理人	基金份额 （亿份）	保本基金只数	发行份额 （亿份）	平均规模 （亿份）	申赎率
大成基金	17.3	3.0	33.0	11.0	−48%
中信建投	16.5	2.0	14.6	7.3	13%
安信基金	11.5	2.0	18.6	9.3	−38%
银河基金	11.2	2.0	8.1	4.1	38%
金鹰基金	11.2	2.0	16.2	8.1	−31%
万家基金	10.8	2.0	16.5	8.2	−34%
华富基金	10.4	3.0	12.2	4.1	−15%
天弘基金	9.6	1.0	9.6	9.6	0%
山西证券	9.0	2.0	11.9	5.9	−24%
国投瑞银	8.4	1.0	19.3	19.3	−57%
九泰基金	8.3	2.0	12.4	6.2	−33%
创金合信	7.6	2.0	3.7	1.8	107%
兴业基金	6.3	1.0	14.5	14.5	−56%
中加基金	4.5	1.0	5.8	5.8	−23%
北信瑞丰	3.1	1.0	3.9	3.9	−21%
国寿安保	2.1	1.0	6.2	6.2	−67%
红塔红土	2.0	2.0	2.0	1.0	0%
富安达基金	1.6	1.0	3.8	3.8	−57%
中融基金	1.0	1.0	2.5	2.5	−60%
总计	1601.2	131.0	2470.3	18.9	−35%

数据来源：WIND　　注：数据截至 2017 年 12 月 31 日

二、保本基金的发展特点

既然能够保证本金安全，并且还有一定的进攻性收益，那这一类基金是不是持续大卖？然而并非如此，保本基金也有明显的潮汐特征，呈现以下几个特点：

1. 阶段性放量，保本基金的发行规模呈现阶段性放量，而且主要分布在牛市中后期，一方面，前期保本基金呈现较好的业绩表现，对于散户具有一定吸引力；另一方面，牛市演进过程中，吸引了散户的注意，散户出于"想赢怕输"的心理，关注并投资保本基金。

2. 保本基金的发行规模业绩相关性很明显，目前存量排名前 5 名的基金公司，保本基金发行前业绩均表现抢眼，也为后期积累规模奠定了基础。长城、华安、招商基金在 2015 ～ 2016 年规模迅速扩张，与 2014 年三家公司优异的净值表现有显著的相关性。

3. 保本基金的费率结构和期限结构也呈现一定的变化。

（1）综合费率水平略有下降，2016 年之后发行的保本基金赎回费率较前期下降了 0.3% ～ 0.5%。

（2）保本范围从仅保证本金，到保证本金 + 认购费，体现了完整意义上的"保本"。之前保本基金的保本需要剔除认购费，因此如果认购费为 1% 的话，客户保本的范围实际为 0.99，但是中后期的保本基金都把保本范围拓展到了保证认购费，甚至有些还保证管理费部分的收益。

（3）保本基金由于所处周期的不同，业绩表现差异很大，没有统一的衡量标准。在牛市过程中，安全垫相对丰厚的保本基金可以投资的股票类资产仓位比较高，因此上涨也显著优于刚建仓的保本基金，反之亦然。

三、保本基金的优势

与其他类型的基金相比，保本基金是不是具有业绩比较优势？从表 1.3、1.4 可以看出：

1. 从平均回报率来看，保本基金较偏股混合型基金和偏债混合型基金并没有明显优势，过去 5 年的年化回报率在 7.39%，好于中长期纯债基金和 QDII（合格境内机构投资者）基金。

2. 不同的年份、不同类型基金的业绩表现有显著差异，偏股混合型基金的波动率要明显高于保本基金，从波动率的角度来看，保本基金的业绩分化程度最小，同质性相对较强，从长期来看，标准差 / 平均值的比率也相对最小。

3. 从 2016 年以来，保本基金的业绩明显下滑，仅仅略好于纯债基金。但是需要注意的是，纯债基金 2017 年受到部分异常事件影响，部分纯债基金跌幅超过了 30%，剔除个别影响，保本基金的表现并不尽如人意。

表 1.3　各类基金的年化回报率

基金类型	历史回报率（%）				年化平均回报（%）			
	1年	2年	3年	5年	1年	2年	3年	5年
QDII 基金	16.49	25.05	21.23	30.18	16.49	11.83	6.63	5.42
保本基金	2.90	1.60	20.84	42.84	2.90	0.80	6.51	7.39
偏股混合型基金	14.48	6.76	48.75	111.68	14.48	3.32	14.15	16.18
偏债混合型基金	6.95	9.68	28.53	80.19	6.95	4.73	8.73	12.50
中长期纯债基金	1.73	2.96	13.76	30.81	1.73	1.47	4.39	5.52
总计	10.37	7.34	34.41	88.58	10.37	3.61	10.36	13.53

数据来源：WIND　注：数据截至 2017 年 12 月 31 日

表 1.4　各类基金的业绩标准差及变动

基金类型	标准差（%）				变动（%）			
	1年	2年	3年	5年	1年	2年	3年	5年
QDII 基金	14.66	14.94	19.39	42.91	0.89	0.60	0.91	1.42
保本基金	1.81	3.44	10.23	14.83	0.63	2.14	0.49	0.35
偏股混合型基金	13.07	16.97	35.16	61.99	0.90	2.51	0.72	0.56
偏债混合型基金	6.98	17.73	12.69	31.79	1.00	1.83	0.44	0.40
中长期纯债基金	2.72	4.42	6.53	12.21	1.57	1.49	0.47	0.40

数据来源：WIND　注：数据截至 2017 年 12 月 31 日

第 3 节
保本基金的投资策略

如何实现保本？在制度、执行、投资层面确保保本基金能够真正实现"保本"，避免基金公司代偿风险，这对于基金持有人和基金公司来说都非常重要。一般保本基金常见的策略包括 CPPI（恒定比例投资组合保险）、TIPP（时间不变性投资组合保险）、OBPI（基于期权的组合保险）策略。

一、CPPI 策略

CPPI 策略最早由 Black、Jones 和 Perold 于 1987 年提出，其基本原理是将固定收益类资产的预期收益作为安全垫，用于权益类资产，从而避免投资组合的本金损失。由于在非极端市场情形下，权益类资产的投资损失比例通常小于 100%，所以可以设置一个风险乘数，按固收类资产预期收益的一定比例确定权益资产的投资额度，从而在控制下方风险的同时，充分捕捉市场上涨带来的投资收益。

从表 1.5 可以看出，如果按照投资周期 3 年计算，95% 的本金购买债券（假设无风险收益率 5%），则即使 5% 的本金购买的股票资产全部损失，总体收益率仍然为正；如果 90% 本金购买债券，则股票资产亏损 70% 的情况下，总体收益可能为负，此时将会影响到本金安全性。

表 1.5　情景分析

本金	债券（％）	股票（％）	无风险利率	投资周期	到期收益（不考虑复利）	股票最大亏损边际
100	100	0	5%	3 年	115	0
100	95	5	5%	3 年	95×115%+5×股票收益	100%
100	90	10	5%	3 年	90×115%+10×股票收益	70%

由于股票亏损 100% 的概率很小，在不影响到期本金安全的前提下，我们可以适当提高股票的比例，伴随股票比例的提高，在股市上涨过程中，组合可以获得更高的收益。如表 1.5 中，5% 本金购买股票，若股票上涨 20%，整个组合收益率提高 1%；而 10% 本金购买股票的情况下，若股票上涨 20%，整个组合收益率能提高 2%，组合的进攻性显著提升。

二、TIPP 策略

投资者的需求往往并不仅仅是保住本金，大部分投资者希望有一个阶段性最低收益，因此衍生出了 TIPP 策略。TIPP 策略中，组合本金是动态调整的，随着保本周期逐渐到期，组合本金要求的数值也不断提高。

这一策略最早由 Estep 和 Kritzman 提出，在 TIPP 策略中，基金投资有一个保底线 F，基金净值不应当跌破这条线。F 不是一条直线，而是随着基金的收益变动而变动，在净值上涨到一定位置之后，F 线进行提升，确保新增投资部分不跌破 F 线。

CPPI 和 TIPP 策略常被称为"追涨杀跌"策略，在基金净值上涨过程中，风险资产比重随之提升，组合进攻性增强；但是下跌过程中，为了不击穿保本底线，需要对组合及时降低风险资产仓位。

CPPI 和 TIPP 策略在保本基金运作中运用非常广泛，但是有几个问题需要关注：一是"追涨杀跌"带来的"翻烙饼"行为，在震荡市行情中，"追涨杀跌"特征的趋势投资往往效果一般，而对于保本基金来说，震荡市中股票仓位的调整对于组合来说往往是负贡献的；二是交易频度问题，组合最优资产配置比例随着基金净值的变化而不断变化，多久调整一次组合，确保目标的实现是个很难解决的问题；三是交易成本问题，对于很多非流动性品种，交易成本对于组合影响显著，我们观察发现，换手率调仓高的基金，总体上其业绩表现没有好于低频、低换手的基金。

为了解决这几个问题，学者提出了三种交易机制：

1. 定时调整法，确定一个固定的区间，每隔一个区间进行一次调整；但是问题在于如何确定区间，通常有几种方法：一是根据统计意义的"方差"确定；二是历史波动率结合市场相对位置判断；三是完全凭借经验和主动判断。通常，这三种区间确定的方法会根据不同投资品种略有差异。

2. 市场走向调整法，根据市场变动方向，当净值突破某个临界点时，对资产配置比例和权重进行调整。

3. 乘数调整法，确定一个风险乘数，市场波动幅度超过一定范围，则对乘数进行调整，即 M 值调整。

三、OBPI 策略

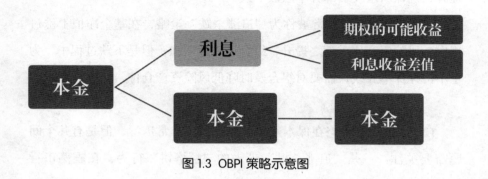

图 1.3 OBPI 策略示意图

从图 1.3 可以看出，OBPI 策略引入了期权，比如投入 100 万元，其中 98 万元购买债券（年化利率 5%），2 万元购买期权。一年之后：

（1）如果期权归零，则组合到期价值为 103 万元，收益率为 3%；

（2）如果期权价值上升，假设行权收益 10 万元，则组合收益为 13%；

（3）购买期权的费用只要小于债券的利息部分，就可以实现组合的保本。

OBPI 策略的优点在于，期权部分的价值不存在强平和爆仓的风险，其风险来自潜在价值归零。这和期权本身特征是有关的，期权最大亏损相对可控，但是潜在收益可能性很大。

OBPI 策略适用于：（1）标的潜在波动率较大，可以获得较好的潜在期权收益；（2）基准利率水平或债券票息水平较高，可以提供较好的利息边际。

中国的场内期权市场发展比较缓慢，场外期权普遍存在定价偏贵、收益风险不匹配的特征，而且公募基金目前尚无法投资场外期权。但是随着商品期权、股指期权等品种的不断丰富和完善，OBPI 策略应用的空间和可行性不断提升。

表 1.6 列出了保本基金各投资策略的特点与运作方式。

表1.6　不同类型的保本策略比较

策略类型	特征	运作方式	风险度
CPPI	追涨杀跌	主要取决于波动率	中高
TIPP	追涨杀跌	越涨越买，越跌越卖	中等
OBPI	杀跌不追涨		低

第 4 节

保本基金的投资案例分析

由于基金经理从业经验、公司投资风格等方面的差异，保本基金并非千篇一律，投资组合差异性非常明显，尤其在 2015 年之前，保本基金分为偏债、偏股两大流派，在不同年份，业绩差异也非常明显。

一、进取型保本基金，股债混合驱动

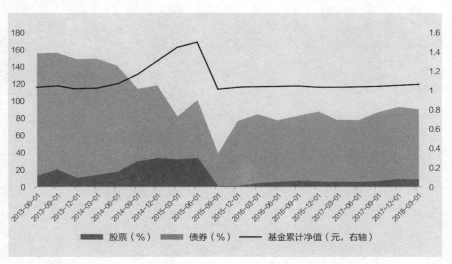

资料来源：WIND

图 1.4　某保本基金净值走势图

从图 1.4 的某保本基金净值走势图，可以看出：

1. 保本基金的运作分为两个阶段：2013 年 6 月 ~ 2015 年 6 月，2015 年 6 月 ~ 2018 年 3 月，两个阶段都采取了随着安全垫的提升，股票逐步建仓的过程。在运作的第一阶段，由于组合净值迅速提升，因此股票仓位提高到 30% ~ 40% 的区间，这也是造成之后大幅回撤的重要原因。运作的第二阶段，由于基金净值缓慢上升，组合的进攻性显著下降，股票的仓位也相对平稳，最高不到 10%。

2. 在建仓初期，净值出现过跌破面值的情况，而且维持了两个月左右的时间，主要是 2013 年三四季度，受到钱荒等因素的影响，利率债收益率大幅上行的结果。但是，我们关注到：

（1）组合通过提升债券杠杆提高了静态收益率，组合建仓初期的债券杠杆保持在 50% 左右。

（2）组合建仓初期的股票仓位就达到 15% ~ 20% 的一个中枢位置，相当于预先透支了未来可以获得的债券部分的收益。

二、债券为主的防守型保本基金

这一类基金的权益仓位较低，很少超过 10%，总体上以债券加杠杆获得票息收益为主要策略。总体来看，净值表现平稳，更类似于纯债型基金。但是，这类基金的缺点在于：

一是杠杆的风险，在 2016 年之后，时点性资金紧张约束了杠杆型债券产品的收益。

二是可能的信用风险。在指导意见出台之前，保本基金投资信用债的准入要求相对宽泛，有些 AA+ 的信用债出现了一定的兑付风险和压力。

如表 1.7、1.8，第一只基金投资更为保守、稳健，金融债和同业存单的比例合计超过 80%，第二只基金做了一定的企业债投资，企业债投资比重稳定在 30% 左右。随着总体安全性要求的提升，保本基金的信用风险、久期风险显著下降，但是与此对应的是：

1.保本基金"保本但不保守"的特征显著弱化，实际的业绩表现和可以提供的相对收益水平显著下降。

2.保本基金更多的类似于被动的债券指数化投资，缺少了债券的价值发现和提升。

表1.7　基金1资产配置情况

	2018一季报	2017年报	2017三季报	2017中报	2017一季报	2016年报	2016三季报	2016中报
国债投资市值（亿元）	——	——	——	——	——	14321.71	20533.77	22752.39
金融债投资市值（亿元）	50420.98	44233.18	65058.48	67654.27	66280.80	66509.50	100771.30	99529.10
可转债投资市值（亿元）	——	——	58.59	——	1018.09	19.87	21.64	2513.30
同业存单投资市值（亿元）	48472.20	54301.20	66330.30	——	11950.30	——	——	——
企业债投资市值（亿元）	——	12727.86	——	3024.60	44339.28	41309.15	47632.03	53116.60
企业短期融资券市值（亿元）	——	——	——	1001.10	——	15046.00	15044.20	12033.40
中期票据市值（亿元）	——	——	——	11950.30	11965.00	12291.30	12212.70	
央行票据投资市值（亿元）	——	——	——	——	——	——	——	——
国债市值占基金资产净值比例（%）	——	——	——	——	——	6.68	7.86	8.12
金融债市值占基金资产净值比例（%）	47.31	37.34	45.49	38.27	33.08	31.00	38.59	35.51
可转债市值占基金资产净值比例（%）	——	——	0.04	——	0.51	0.01	0.01	0.90
同业存单市值占基金资产净值比例（%）	45.46	45.64	46.36	——	5.96	——	——	——
企业债市值占基金资产净值比例（%）	——	10.74	——	1.71	22.13	19.26	18.24	18.95

表1.8　基金2资产配置情况

	2018一季报	2017年报	2017三季报	2017中报	2017一季报	2016年报	2016三季报
国债投资市值（亿元）	——	——	985.20	3945.60	——	——	——
金融债投资市值（亿元）	35021.40	9969.50	9989.20	4999.40	6001.80	7989.20	——
可转债投资市值（亿元）	——	65.59	124.61	126.76	1076.56	3994.39	258.22
同业存单投资市值（亿元）	49044.30	39144.30	22728.90	4854.00	84769.30	——	——
企业债投资市值（亿元）	12630.66	77266.86	86016.00	90045.15	94214.71	87595.31	82337.01
企业短期融资券市值（亿元）	——	——	5023.80	28068.50	60893.60	73601.28	62056.30
中期票据市值（亿元）	4752.00	74753.80	80480.40	84948.20	84769.30	82752.20	69231.90
央行票据投资市值（亿元）	——	——	——	——	——	——	——

续表

国债市值占基金资产净值比例（%）	--	--	0.41	1.60	--	--	--
金融债市值占基金资产净值比例（%）	23.01	4.46	4.17	2.03	2.36	3.12	--
可转债市值占基金资产净值比例（%）	--	0.03	0.05	0.05	0.42	1.56	0.10
同业存单市值占基金资产净值比例（%）	32.22	17.53	9.50	1.97	33.27	--	--
企业债市值占基金资产净值比例（%）	8.30	34.60	35.95	36.47	36.98	34.23	30.96
企业短期融资券市值占基金资产净值比例（%）	--	--	2.10	11.37	23.90	28.76	23.33
中期票据市值占基金资产净值比例（%）	3.12	33.48	33.63	34.41	33.27	32.33	26.03

三、纯债防守、股票进攻型

这一类保本基金的主要基金经理为权益投资能力较强的基金经理，债券投资主要起配合作用，对于安全垫提升、久期管理增强收益、信用下沉提高静态收益等方面均没有特别的要求。权益仓位往往具有一定的灵活性。

该类基金在运作中有几个特征：一是采用双基金经理方式，两个基金经理的投资、教育背景不尽相同，各有侧重；二是股票仓位波动和净值变化特征明显；三是债券部分的波动和持仓变化相对较小，久期也相对较短。

第 5 节

保本基金的监管政策变化

一、保本保障机制及规模限制

2010 年证监会下发了《关于保本基金的指导意见》，其中提出了两种保本保障机制：连带责任担保和买断式担保。

1. 连带责任担保是指由基金管理人对基金份额持有人的投资本金承担保本清偿义务，同时基金管理人与符合条件的担保人签订保证合同，由担保人和基金管理人对投资人承担连带责任。

2. 买断式担保是指基金管理人与符合条件的保本义务人签订风险买断合同，约定由基金管理人向保本义务人支付费用，保本义务人在保本基金到期出现亏损时，负责向基金份额持有人偿付相应损失。

除担保条款外，该文件中规定基金管理公司发行保本基金余额不得超过公司上一年度经审计净资产的 30 倍。

二、保本新规及其影响

1. 保本新规的主要内容

2017 年，证监会发布《关于避险策略基金的指导意见》，对该类基金的管理进行了规范，主要包括以下几个方面：

第一，文字表述与宣传，在募集和宣传过程中，禁止使用"保本"等有隐含本金保证的字眼，防止投资者的误解。

第二，投资范围与限制，对于避险策略基金的投资范围更加严格，信用评级、剩余期限等方面都做了严格的限制，债券部分获取超额收益的空间越来越有限。

第三，引入担保并不保证必然保本，应当在基金合同、招募说明书及宣传推介材料中充分揭示保本基金的风险，说明投资者投资保本基金并不等于将资金作为存款存放在银行或存款类金融机构，并说明保本基金在极端情况下仍然存在本金损失的风险。

2. 保本新规对行业发展的主要影响表现在以下几个方面：

第一，避险策略要求保本基金实现策略保本而非结果保本，严格的策略管控使得保本基金腾挪空间受限，收益空间相对有限。

第二，担保机制的改变让不少担保公司退出了避险策略基金的担保。在保本基金的鼎盛时期，有些大型担保公司甚至出现了"担保额度不足"的状况。但是，新规出台后，这类业务自然收缩并逐步消失。

第三，保本基金规模设定上限影响了基金募集规模。按照新规 5 倍净资产，很多公司的保本基金已经大大超过了此比例限制。

第2章

投资需要明白的几件事

CHAPTER 2

在销售基金的过程中,最常见的一个问题是:怎么能够实现保本?因为从投资标的来说,股票、债券都有一定的风险,在投资的底层资产本身存在波动的情况下,如何保证客户的本金安全?

第 1 节

风险

对于我们来说，风险意味着两件事：

永久失去资本的风险，回报不足的风险。

——查理·芒格

一、风险无处不在

投资是有风险的，风险的存在意味着本金和收益可能遭受损失，风险和收益是匹配的，不存在无风险的收益，这也正是投资的玄妙之处。投资处处要关注风险，通过各种方式将风险影响程度减小，但是投资永远无法回避或完全消除风险。

有人会问，保本基金不就是无风险的吗？其实并非如此，一是风险的转移，通过担保的方式，资金可能出现的亏损风险由担保方承担；二是策略避险，通过仓位控制、回撤控制等方式降低了亏损的风险。

如表 2.1，目前存续的保本基金中，有 9 只净值在面值以下，这些基金如果保本期结束净值不到面值，就存在一定风险，但是对于发行期认购的投资者来说，由于担保的存在，到期能够保证其投资的本金安全。

表 2.1 　存续保本基金净值分布情况

累计净值	合计规模（亿元）	基金只数
0.7 ~ 1	29.82	9
1 ~ 1.3	1050.19	110
1.3 ~ 1.6	190.68	21
1.6 ~ 1.9	114.80	7
1.9 ~ 2.2	1.02	2
>2.5	18.06	2
总计	1404.58	151

数据来源：WIND　　注：数据截至 2018 年 5 月 28 日

有人会问，国债不就是无风险的吗？主权级别的债券，对大家来说接触最多的就是国债。国债是风险很低的投资品种，但并非完全无风险的。在欧债危机时期，意大利国债收益率飙升；在金融危机时期，南美国家有些濒临破产，不得不减记债务。当然，对于我们普通民众来说，中国国债具有很好的安全性，风险程度也很低。

实际运作中，为了提升组合静态收益，保本基金不会全部投资于国债，而是大部分投资于高等级信用债，这些债券也会隐含一定的信用风险。

二、风险的分类

对于组合管理来说，识别并认识到风险的客观存在，是有效防止投资损失的基础，只有熟悉和了解各种风险，才能够在投资中规避并减少损失。一般来说，风险有以下一些种类：

1. 系统性风险

这种风险是任何一个投资者必须面对的，相当于投资的"气候环境"，在龙卷风到来的时候，每个人都要面对，你所能做的就是提前预测龙卷风的可能性，并找到安全的地方避风。系统性风险是市场参与者共同面对的，没有人能独善其身。

（1）政策风险。大到国家的宏观经济政策，如中美贸易摩擦的加剧、中国加入 WTO（世界贸易组织）之后贸易政策的变化，有计划的商品经济向市场经济转变过程中的政策调整；小到我们证券市场的政策，在资本市场发展的 30 年中，IPO（首次公开募股）政策数次变化，定价基准、申购方式等也频繁调整。

（2）利率风险。利率收紧会导致资产价格的下跌，2013 年影子银行收缩回表就是典型的例子，市场资金面大幅收紧，一度出现了"钱荒"的状态，债券收益率也出现大幅上行，政策性金融债收益一度达到 6%；反之，利率下行会带来资产价格的快速上升，如 2009 年、2015 年央行降低房贷利率刺激经济，银行贷款利率最低达到基准下浮 30%，房地产价格均出现了快速的上涨。

（3）汇率风险。人民币从有管理的浮动汇率过渡到市场化汇率之后，汇率将不再是大家印象中的"固定区间"，而是可能随着市场的波动而波动。大家印象最深的是 2016 ~ 2018 年人民币汇率从 6.2 一路下行到 6.8，而后随着美元走软，人民币汇率又回到了 6.3 ~ 6.4 的区间。汇率下行，购买力下降，不利于购买进口商品，而有利于商品的出口；汇率上行，有利于进口商品，进口商品价格会相对便宜，但是不利于商品的出口。

📖 案 例 2.1   C A S E

人民币汇率变动对出口的影响

2014 年初以来，人民币一直震荡贬值，最高达到 2016 年底的 6.96，随后并没有如悲观者所预期，人民币汇率转向升值，到 2018 年初一度升至 6.3 一线，如图 2.1 所示。近 5 年过程中，汇率的变动对很多企业造成了不小的冲击。

人民币贬值影响最大的是航空、房地产等美元负债占比较高的企业。航空企业由于航材、飞机进口等方面的影响，境外负债占比较高，人民币贬值意味着人民币计价的负债会显著增加。

人民币贬值获益最大的是纺织、家电、服装等行业，这些行业以出口赚取外汇为主，因此贬值意味着产品的美元标价下降，更有市场竞争力。电子、通信、国际航运等行业由于收款以美元为主，也有所增益。

股票市场是企业经营状况的晴雨表，汇率升值、贬值对企业利润的影响会直接影响到上市公司的业绩和其股价表现。

数据来源：WIND

图 2.1　2014 年以来人民币对美元汇率变动走势图

（4）**市场风险**。在证券市场中，市场本身的风险是无时无刻不存在的，市场定价体系的变化和估值水平的变化将直接影响到证券价格，如 2008 年熊市、2015 年股灾，股票的平均估值中枢都从 40X、50X 下降到 15X、20X，伴随的是市场的大幅下跌。

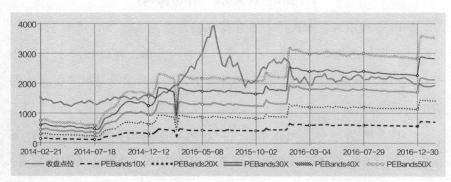

数据来源：WIND

图 2.2　股票市场 PE（市盈率）变动情况

如图 2.2 所示，2015 年创业板指数 PE 水平接连突破 40X 和 50X，但是伴随着指数的下跌，总体的 PE 水平回落到 30X 的水平。

2. 非系统风险

这是与微观企业经营直接相关的。它与市场之间没有全面、系统的关联，可以通过分散投资的方式降低其影响。

（1）决策风险。对于一个企业来说，有些重大决策直接影响到公司的兴亡，一个错误的决策可以让一个如日中天的企业瞬间进入债务的泥淖而无法自拔，这样的例子数不胜数。这一类的情形在股票市场数不胜数，如某光伏巨头在盛极一时之后债务累累，最终导致企业濒临破产。

（2）流动性风险。在股票市场上，经常存在上涨过程中流动性充裕、下跌过程中流动性缺失的状况。对于个股而言尤其如此，下跌过程中由于流动性导致无法变现。

📑 **案 例 2.2**   C A S E

关于股票的流动性风险

股票的流动性好坏直接影响了组合投资股票的交易价差。流动性差的股票，在减仓过程中，交易的冲击成本可能超过 1%，而流动性好的股票，可以在对市场价格没有影响的前提下进行股票的减持。一般我们从以下几个方面分析股票的流动性风险。

（1）股票的总市值

目前 A 股指数的异化特征非常明显，很多小股票市值超过 200 亿，价格高高在上，而很多关系国计民生的国企，股价跌破资产净值，市值小于 50 亿，有些甚至存在控制权转移和被收购的风险。

（2）公司业绩的稳定性

公司业绩是股票定价的基础，如果没有了业绩支持，股票本身的价值就是无源之水。因此对于业绩变脸或者持续业绩较差、没有分红的股票要予以规避。

（3）日均换手率

日均换手率持续低于 0.5% 的股票需要引起投资者的注意。一般来说，规模较大的投资组合不宜投资于日均换手率低、成交对价格影响明显的股票。

（4）融资融券的余额变化

随着融资余额的提升，融资余额占比越来越高，在这种情况下，往往存在一定的踩踏风险。一是融资盘由于成本较高，很难长期持有，存在短期出货的需求；二是融资余额超过股票市值的一定比重，意味着交易盘占比较高。如果股票日均换手率较低的话，在市场调整的时候，往往会形成一定的集中减仓。

（5）股票的质押情况

在大盘下跌过程中，股票质押占比较高的股票往往存在股东补仓的要求。如果补仓不及时，或者股票已经悉数质押，没有多余可以补仓的股票，大股东也没有相应资金补仓，则很容易出现"闪崩"的状况。

股票质押新规：

2018 年 3 月 12 日，证监会发布股票质押新规，主要有以下几点要求：

▶ 融入方不得为金融机构或其产品，融入资金用于实体经济；

▶ 允许符合政策的创业投资基金作为融入方；

▶ 单一证券公司、单一自管产品作为融出方，股票质押比例不超过 30%；

▶ 质押率上限 60%。

从方向上来看，股票质押规模会逐渐下降，股票质押加杠杆买股票不可持续。

从表 2.2 可以看出，质押率较高的股票在 2018 年上半年的表现明显弱于大市，其中海德股份跌幅超过了 30%。再如 ST 天马的控股股东喀什星河质押回购业务到期，但是没有履行还款义务，所以天风证券对相关股票进行处置，公司股票停牌接近半年。2018 年 5 月份复牌后连续跌停，进入了"仙股"行列。

表 2.2　部分高质押率股票表现情况

	质押比例	年内涨幅	2017 年 12 月 31 日 股价	2018 年 6 月 29 日 股价
藏格控股	77.99%	−17.80%	17.700	14.550
银亿股份	77.66%	−15.63%	8.830	7.450
美锦能源	76.59%	−21.19%	6.890	5.430
海德股份	75.75%	−31.29%	24.000	16.490
供销大集	75.36%	0.00%	4.780	4.780
茂业商业	75.26%	−17.74%	6.200	5.100
建新矿业	72.03%	10.23%	10.950	12.070
印纪传媒	71.25%	−8.41%	13.200	12.090

数据来源：WIND

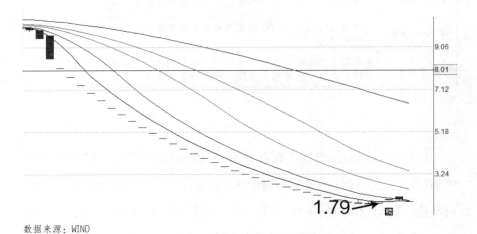

数据来源：WIND

图 2.3　某股股价走势图

由图 2.3 得出，结构化产品持股比重及相应的到期日、平仓线及平仓条款，在一定程度上也会影响公司股票的价格。员工持股计划和大股东增持股票往往通过结构化信托的方式实现，在结构化信托到期日，往往存在变现需求。为了防止大股东减持对股票的影响，监管机构出台了减持新规。但是即便如此，减持压力仍然很大。

从表 2.3 可以看出，上市公司股票质押在 2018 年下半年受到了监管机构的关注，通过组合拳方式化解民企经营风险，并通过资管计划和私募基金的方式设立纾困基金，帮助上市公司纾解股票质押风险。券商、保险累计备案纾困资金规模超过 1000 亿元，地方政府牵头设立的纾困基金也超过 2000 亿元。

表 2.3　主要纾困政策措施一览表

监管机构	政策措施
银保监会	允许保险资金设立专项产品，参与化解上市公司股票质押流动性风险，不纳入权益投资比例监管
证券业协会	推动设立证券行业支持民营企业发展集合资产管理计划
基金业协会	允许私募股权基金通过购买上市公司股票方式参与并购重组，提供备案绿色通道
地方国资	发起基金对于地方民营企业纾困，一般通过购买上市公司股份、参与定增、重组控股股东、借款、授信担保等方式

数据来源：WIND

经过多方努力，市场质押股数占总股本的比重缓慢下降，从 2018 年 10 月份高点 10% 下降到目前的 8.8% 左右。股票质押市值也保持相对平稳，截至 2019 年 11 月 29 日，全市场股票质押 5924 万股，质押市值 4.4 万亿元，已经进入相对稳定的状态，如图 2.4 所示。

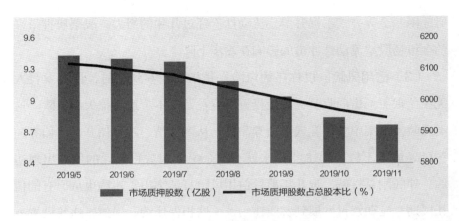

图 2.4　股票市场质押变动情况

为了规范大股东减持降低对市场的影响，2017 年 5 月，证监会发布了减持新规。具体有几个方面：

▶ 完善"过桥减持"安排，出让方和受让方都应该遵守减持数量时间规定；

▶ 完善定增解禁安排，锁定期满后竞价交易减持需要符合相关规定；

▶ 完善使用范围，非大股东每 3 个月减持数量不得超过公司股份的 1%；

▶ 持股 5% 以上股东减持应当与一致行动人持股合并计算。

监管机构也关注到股票质押对市场的冲击，一方面，通过市场化的方式对部分高杠杆机构实现出清；另一方面，对于行业地位突出、主营业务盈利能力强、股东及管理层稳定的公司，通过引入战略投资者、政府纾困基金等方式，提升股票流动性。经过几年的努力，股票质押带来的全市场股票流动性冲击的影响在逐步下降。

（3）信用风险。也称违约风险，是指在证券到期时，证券发行人无法兑现所承诺的收益，而使投资者收益乃至本金遭受损失的风险。这类风险主要集中于债券或类债券品种，从湘鄂情、超日债开始，债券违约已经屡见不鲜，2018 年以来就有十余家公司数百亿元的债券出现违约。伴随刚兑打破，近几年债券信用风险日渐突出，违约也从原有的信托展期、延期偿付发展到实质违约、关联担保违约。当然，违约处置方式也有了显著的进步，包括但不限于债转股、免息还本、部分还本，等等，法律处置争议的案例也不断丰富。

（4）道德风险。上市公司和投资者之间往往是信息不对称的，投资者接触到的是公开披露的市场信息，而上市公司管理层直接面对一线管理，我们经常看到的虚假报表、虚增利润、虚构兼并重组事项等，均存在对道德风险的质疑。

🔍 案 例 2.3　　　　　　　　　　　　　　CASE

光伏行业补贴变化带来正股影响

事件：2018 年 5 月 31 日，国家发展改革委、财政部、国家能源局联合发布《关于 2018 年光伏发电有关事项的通知》，暂停安排 2018 年普通光伏电站指标、严控分布式光伏规模，并将新投运项目上网电价统一降低 0.05 元 / 千瓦时。

原因：2017 年，中国光伏发电新增装机达到 5306 万千瓦，装机量达到 1.3 亿千瓦，连续 5 年增速全球第一；2017 年多晶硅产量 24.2 万吨，硅片产量 87 GW，电池片 68 GW，组件 76 GW，各环节全球占比都超过 50%。因此，考虑到技术进步和成本下降速度，国家发展改革委等部门出台了该文件。

点评：

（1）作为可再生能源的重要方式，光伏发电持续增长，政府补贴在其中起到了很重要的推动和支持作用。但是随着行业成熟和成本下降，补贴逐渐退出是发展趋势。

（2）市场对于组件成本下降、补贴退出是有预期的，但是补贴退出来得"稍微早了一些"，单分布式光伏电站控制在 10GW 规模就导致新增装机的 8GW 规模被砍掉。

（3）受影响最大的不是光伏电站运营商，而是上游硅片和组件厂商。以隆基股份为例，在分布式光伏浪潮中，作为少有的单晶硅厂商显著受益，2015 ~ 2017 年，营业收入复合增长率超过了 50%，利润增长超过 100%。政策出台对公司股价造成了显著的影响，如图 2.5 所示。

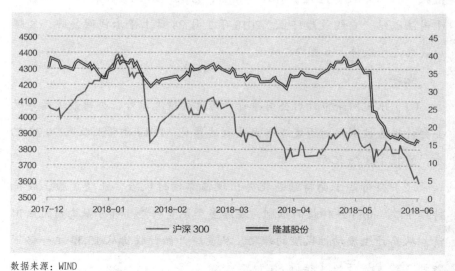

数据来源：WIND

图 2.5　隆基股份股价走势图

在股票研究分析过程中，要能够对行业发展趋势进行预先研判，隆基股份多次下调单晶硅价格，行业竞争日趋加剧，行业已经从高速增长期过渡到政策退出和完全竞争格局，股票估值已经一定程度上透支了市场占比和预期。一种解释是公司规模效应降低成本，在竞争格局中可以对竞争者有挤出效应，但是要关注的是补贴带来的毛利率下降的影响要大于公司规模效应带来的增量影响。

案 例 2.4　　　　　　　　　　　　　　　　　　　　　CASE

乐视网复牌与跌停的踩踏

事件：乐视网由于关联方欠款等因素，现金流非常紧张，业务经营困难，各类收入大幅下滑，但日常运营成本并未减少。2016年5月开始，乐视网启动资产重组，并于2017年4月17日开始停牌。乐视控股对外借款和担保导致资产大量质押、冻结，持有的乐视影业股权21.81%处于司法冻结，重组最后终止。2018年1月24日上午乐视网复牌，复牌后股票连续跌停，如图2.6所示。

点评：

（1）乐视网除审计后公司净资产为负的情况以外，公司最近两年财务会计报告被审定为否定或者无法表达意见。2017年营业收入70.25亿元，亏损138.78亿元。

（2）公司基本面持续恶化并出现债券偿付风险，业绩变脸，股价持续下跌。由于跌停板的限制，连续多个无量跌停。部分融资盘无法出清，从而产生流动性风险的踩踏。从复牌开始，股价从15.33元一路下跌到3.32元，下跌了接近80%。

（3）乐视网在停牌前，已经陷入了各种纠纷，而且公司业绩下滑是不争的事实，"侥幸心理"是投资者持续持有该股票的很重要的原因，正如击鼓传花的游戏，每个人都认为会有下一个接棒者。殊不知，在流动性风险面前，没有流动性，股票的价值无从谈起，短线博弈的结果往往是长期的亏损和损失。

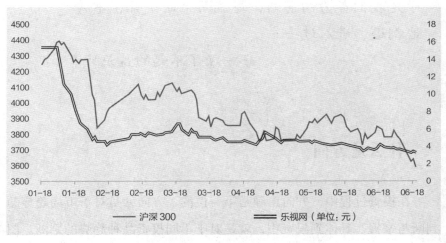

数据来源：WIND

图 2.6　乐视网复牌股价走势图

　　乐视网的案例仅仅是股票市场风险的一个缩影，伴随 ST 长生、ST 信威等股票"下楼梯"走势，乃至有些股票最终退市。2018 年以来，中国股票市场中的退市公司家数不断增加，股票市场"照妖镜"的功能不断凸显。这也告诉我们每一个从事投资的人一个浅显的道理：深入剖析公司的基本面，切实发现并防范公司的经营风险尤为重要。

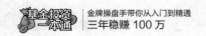
金牌操盘手带你从入门到精通
三年稳赚 100 万

第 2 节
方向比交易判断更重要

于是我们奋力向前划，逆流而上的小舟，不停
地倒退，进入过去。

——《了不起的盖茨比》

一、什么是方向

在投资过程中，方向正确是第一位的，方向就是对于市场趋势的判断与掌握。具体到投资中，就是对于不同投资品种趋势的判断。图 2.7 是 2005 年以来沪深 300 的走势图，从图中可以看出：

（1）2005 年到 2007 年的三年间，指数上涨了近 7 倍；2014 年 6 月到 2015 年 6 月，指数上涨 2.5 倍；

（2）从 2005 年以来，如果持有指数，复合年化收益也超过了 10%。

我们平常遇到很多客户，经常问到一个问题："套牢了怎么办？"诚然，在 5000 点以上套牢的很多。从图 2.7 的交易量数据可以看出，在指数高点的位置交易量很大，而指数低点的时候交易量非常小。虽然指数上涨了接近 4 倍，但是很多客户十几年下来是亏的，因为买的时点往往是高点。

也有客户会说："我可以选择赚到大波段的钱，然后其他时间持有现金。"这句话很对，但是存在两个实现的障碍：

（1）你找对方向没有？没有人可以知道明天的市场，每天都是未知的。在市场持续下跌 3 个月、股指低迷、成交量大幅萎缩的情况下，能够判断股票的启动点异常困难。

（2）买入时点的把握。你如何确定你做到的不是反方向？我们经常看到一句话"回调即是买入的机会"，但是在方向趋势向下的市场上，每一次回调都是新的一轮下跌的开始。

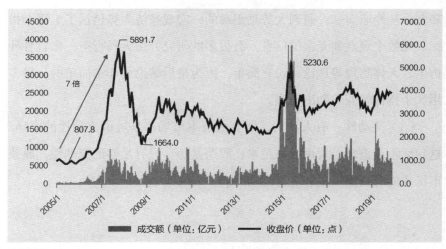

数据来源：WIND

图 2.7　沪深 300 走势图

二、如何选择方向

方向对了，赚钱是轻而易举的事情，但是如何选择方向是实际操作中最困难的事情。我觉得至少应该有几个方面：

（1）心态。心态是第一位的，我们有两个模拟组合，其中一个模拟组合的投资经理辞职了，一年没有动，另一个组合的经理每个月都在调仓。一年下来，"废弃"的模拟组合年化收益率为 15%，而辛勤耕耘的模拟组合为 –5%。回顾了一下调仓的过程，我发现一个严重的问题，就是追涨杀跌，跟着情绪进行操作，缺乏稳定的心态。

因此，投资过程中，最重要的是要有稳定的心态，如果把投资周期放在 3 年、5 年，而不是每天追着 K 线跑，心态会更平和。有句话说得好：短炒考验的是盘感，坚守体现的是自信。

（2）经济大势的研判。这是最专业、最难，但也是最简单的一个环节。从专业而言，研判大势是很难的，宏观经济大势包括了上百个指标、无数个观点和专家的信息，有很多的研究方法天马行空，来自各种仿生、天体物理等理论；说它简单，因为最后结论是非常简单的，最多用 5 个指标就能勾勒出轮廓。

（3）流动性。有人认为，所有的资本市场都是货币流动性的市场，这句话不无道理。货币投放是水，股票是鱼，只有足够的流动性，股票市场才能有新增资金和上行的动力。

三、看对了但做错了，满仓踏空

这也是我们经常遇到的问题。投资者会经常遇到两种情况：一是知行不合一，"我认为会大涨"，但是仓位很低，对组合净值影响很小；二是仓位很高，但是买的股票就是不涨，即所谓的"满仓踏空"，比如2019 年，满仓医药白酒赚的盆满钵满，傲视群雄，而满仓军工、电子恐怕只能望盘兴叹了。

人生不如意十之八九，如果总是沉醉于对过去的"后悔"之中，未来遇到机会还是会踏空。这只能说明，投资者心中的"方向"是海市蜃楼，方向是中长期的一个概念，而不是一时一事、一周一月。在方向正确的前提下，仓位是第一要素。

统计学上有两类错误：第一类错误是拒绝了正确的，第二类错误是接受了错误的。如何提高正确率，防止出现两类错误呢？

（1）小仓位试错，大仓位做方向。这个类似于德州扑克中的下注。平常的时候做一些小仓位的调整，提升自己的盘面感觉，在市场有大机会的时候，需要能够豁得出去，下大注。

（2）选择相对位置，忘记小幅波动。相对位置高低决定了长期投资的收益，而中间的小波动最多只会影响 5% 以内的收益差异，对于组合净值不会产生长期的根本影响。

（3）多做数据分析。数据是人的心理在投资上的客观性体现，所有的信息都体现在交易数据当中，要多做交易数据分析，提高数据敏感度。

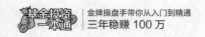
第3节
组合管理的思考

> 我的身体和心灵都告诉我：我还很年轻，我还
> 有很长的路要走，未来是光明的，道路是曲折
> 的，我一定能从失败中总结教训，实现我投资
> 修养的升华，取得更大的成功。
>
> ——达里奥

经常会有人问及基金经理的工作是怎样的。有些刚入行的研究员很向往基金经理的职业，认为这是职业生涯很重要的一个环节，基金经理业绩出色，衣着光鲜，也能够得到客户和市场的尊重。有些净值翻番的基金经理，被认为是神一样的存在。

作为研究员出身的我来说，也正是由于对这个职业的向往才选择了坚持。但是说实话，基金经理这个职业并不是适合每个人，这更需要的是心态的历练。而且这个行业淘汰率很高，市场波动比较大，如果没有足够的心理准备，会对于所承受的市场压力无所适从。按照一句调侃的话来说，基金经理是"地命海心"，吃地沟油的命、操中南海的心。

一、基金经理的日常工作

基金经理虽然表面上上午 9 点钟上班，下午 5 点钟下班，但是对于很多基金经理来说，每天盘前和盘后要关注的事情很多，如表 2.4 所示。

表 2.4　某基金经理在 10 月份的主要宏观数据日历

		1 20:45 美国上周 CSC 22:00 美国9月份制造业 PMI	2 1:45 美国9月 Markit 制造业 PMI 20:15 美国9月 ADP 就业	3 20:30 美国当周失业金申领 22:00 美国9月份非制造业 PMI	4 20:30 美国9月失业率 20:30 美国9月新增非农就业	5
6 9:30 中国9月份外汇储备 中国9月官方储备资产	7	8 20:30 美国9月 PPI 20:30 美国9月 PPI（剔除食品和能源）	9 20:30 美国8月份商业批发库存 20:30 美国8月商业批发销售	10 20:30 美国当周失业金申领 20:30 美国9月 CPI 季调	11 2:00 美国9月联邦政府财政赤字 20:30 美国9月出口物价指数	12
13	14 10:00 中国9月份贸易差额	15 9:30 中国 CPI 9:30 中国 PPI	16 20:30 美国核心零售 20:30 美国9月份零售和食品	17 20:30 美国当周失业金申领 20:30 美国9月新屋开工	18 10:00 中国工业增加值 10:00 中国固定资产投资	19
20	21 10:00 中国全社会用电量	22 20:45 高盛连锁店销售年率/环比	23 19:00 美国 MBA 购买 22:30 美国 EIA 库存	24 20:30 美国当周失业金申请 22:00 美国新房销售	25 1:45 美国 Markit 服务业/制造业 PMI	26
27 9:30 中国工业企业利润	28 21:30 芝加哥联储活动指数 22:30 达拉斯制造业指数	29 20:45 高盛连锁店销售年率/环比	30 20:30 美国3季度 GDP 环比折年率 20:30 美国3季度不变价消费	31 2:00 美国联邦基金目标利率 9:00 中国10月官方制造 PMI		

1. 信息搜集、梳理和分析

信息来自多个渠道，包括卖方分析师的报告、官方渠道的数据发布、交易所上市公司报告的发布，等等。有些属于常规时点发布，比如上午 10 点静静地等待统计局发布 GDP（国内生产总值）数据、晚上刷屏关注美联储加息的信息；有些属于突发事件，监管机构有时候在周末发布重磅消息或者新闻，这就苦了研究员和基金经理，各种电话会议的解读、各路神仙争相登场。

在决策之前，要能够保证获取到足够的信息，在市场第一时间了解并且获得，要能够对于信息进行解构和梳理，有些时候是 buy the rumor sell the news（炒股现象：消息证实前买进，证实后卖出），信息发布之时就是卖出之日。

2. 市场讨论与研判

虽然不似机关工作人员一样大会、小会频繁开，但是对于投资人员来说，每天的晨会、每周的周会、每月的月度例会也是必不可少的；而且开会不仅仅是带着耳朵去，还需要将自己的观点进行梳理，与同事进行分享，如表 2.5 所示。

对于研究员来说，对自己关注的重点行业、上市公司、行业状况、行业政策等进行解读；对于基金经理来说，需要分析汇总之后形成自己对于市场的看法。

表 2.5 研究员与基金经理的一天

	研究员	基金经理
8：40	晨会：当日重要新闻、重要公告、重大事件、行情变化走势、重点跟踪企业的情况更新	对比组合净值变动、组合结构分析
9：20	电话会议、卖方观点交流沟通	当日相关头寸、组合交易安排
10：00	重要经济数据、相关信息跟踪	重点公司研究报告与分析
10：30	卖方机构路演与观点交流	卖方机构路演与观点交流
11：00	公司重点产品观点内部交流	基金经理观点与市场看法沟通
13：00	内部路演资料、观点梳理	重点持仓品种组合情况跟踪
14：00	研究报告、数据资料搜集与整理	组合周报、月报、日报
15：00	电话会议纪要、各种文字材料	组合周报、月报、日报
19：00	上市公司公告、重要信息简评	重点跟踪上市公司公告、主要持仓品种公告等

3. 组合审视与管理

与散户类似的是，基金经理面对的组合也是若干只股票和债券构成的集合，每天面对的也是市场的涨跌。但是我觉得最大的区别在于，一是组合的概念，我曾经和一个朋友沟通，他每天关注的是自己的账户赚了多少钱，以万元为单位或者以元为单位。而基金经理面对的是一个组合，是从组合净值增长率的角度来看待。由于组合规模变化、净值基础不同等原因，尽管赚同样多的钱，但是不同时点上对于组合的影响是不同的。

二是分散投资的概念。经常有客户会问及，为什么不持有一只最看好的股票并坚定持有？这其中的原因有两个，监管对于投资组合持有单只股票或债券的比例有一定的限制，因此只持有单只股票是不现实的，而且从投资理论来说，通过适度分散化投资可以降低组合的波动性，从长期来看，可以提高组合的风险调整后收益率。

4. 组合调整

（1）头寸管理，公募基金每天有申购和赎回，要根据申赎情况调整可变现仓位，应对组合赎回等情况；根据监管要求，控制各类资产比重，防止出现比例超标的情况。

（2）仓位选择和控制，仓位决定了组合业绩的 70%，合理的仓位控制可以规避市场的系统性风险，也是获取超额收益的重要基础。

（3）忘记成本，对于投资来说忘记成本是最困难的一件事情，止盈容易止损难，但是最难的止损是投资的必修课。

（4）保持客观的判断，防止自己说服自己，不要给下跌找理由，市场是最好的标尺。我们往往在下跌的过程中企盼抄底在最低点，希望下跌是暂时的，总有拨云见日的一天。但是尊重市场趋势，在市场面前，任何人都是渺小的。

（5）按照大概率事件进行组合操作。在充分分析和了解市场信息的前提下，要遵循大概率原则。

二、什么是组合？如何分析组合？

对于散户来说，由于持有的股票比较单一，因此涨跌一目了然，但是对于上亿的基金组合来说，要考虑组合投资、买卖机会、成本等因素。组合分析显得尤为重要。表 2.6、2.7 为一个简易的组合情况表，我们可以看到组合的持仓市值、当日涨跌和净值贡献。但是组合分析远远不止于此，如图 2.8 所示。

（1）组合归因，定期对于组合涨跌状况、贡献最大的资产类别进行分析，明确哪些是市场总体性贡献，哪些是个券选择贡献，又错失了哪些机会；在个券贡献中，哪些是估值贡献。

表 2.6 月度业绩归因（单位：%）

	组合净值表现	股票	信用债	利率债	可转债
2019 年 9 月	0.35	0.25	0.08	0.02	0
2019 年 8 月	0.25	0.08	0.03	0	0.14
2019 年 7 月	−0.4	−0.5	0.07	0.06	−0.03

表 2.7 月度业绩归因（单位：%）

	债券收益	基准收益变化	差异	久期贡献	票息贡献
2019 年 9 月	0.1	0.05	0.05	0.03	0.02
2019 年 8 月	0.03	0.01	0.02	0	0.02
2019 年 7 月	0.13	0.07	0.06	0.04	0.02

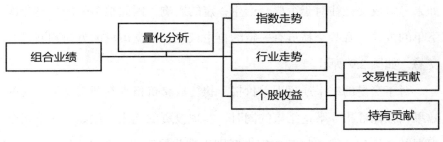

图 2.8　组合归因图示

（2）组合比较分析，定期与对比组合中表现突出的组合进行分析，判断选股差异、仓位配置差异，等等。

每个季度都会有表现相对好的基金，对于表现好的基金要进行对比组合跟踪和分析。一般会包括以下几个方面：

» 持仓结构，根据近几期的持仓结构分析组合中各个品种的走势，关注持仓结构收益与实际组合收益差异、调仓时点和品种的大致判断。

» 分类对比组合走势一致性分析，判断是否存在与同类基金不同的择时和大的判断性选择。

» 异常因素剔除。近年来，由于大额赎回等因素对组合收益产生了明显影响，需要关注一次性净值调整的基金状况。

（3）交易时点归因分析，下单和成交是组合管理的最后一步，也是最重要的一步，对于交易时点的把握、交易执行情况的分析也是很重要的一个环节。

由于基金采取集中交易的方式，基金经理下单后由集中交易室统一执行，这与一般的散户投资股票有明显的差异：一是下单价格与实际成交价格的差异，往往基金经理下单时点和最后成交价格存在一定误差；二是市价单由于择时因素的影响产生的价格差异。基金买卖数量较多，如果一笔成交往往对于个股会产生一定的影响，因此很多采用分笔分次下单的方式，有些交易员有一定的自主权限，根据市场的方向判断进行交易，如图 2.9 所示。

对于交易的结果通过下单价格、执行成交价格来判断交易员成交的效果，在保证指令下达结果的同时，实现投资的优化。比如，限价指令根据基金经理风格差异存在很大区别，有些属于"钓鱼指令"，距离实际成交价偏离 5% 以上，全年该类指令成交概率低于 10%；有些属于意向成交，距离现价 2% 以内，由于买卖价差差异而适当优化收益，实际成交概率有 50% 甚至更高。

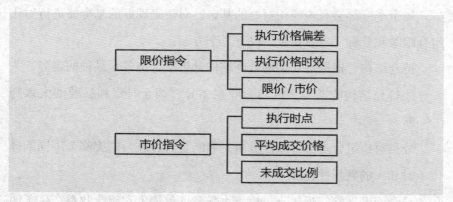

图 2.9 限价指令与市价指令图示

表 2.8 截至某年某月某日某各类资产情况表

	市值（亿元）	占比（%）	涨跌幅（%）	净值贡献率（%）
股票	2000	40	5	2
债券	2000	40	1	0.4
交易所回购	500	10	0.01	0.001
期货	500	10	5	0.5

数据来源：WIND

第3章

宏观经济及货币政策分析

CHAPTER 3

　　在正式介绍投资策略之前，或许我们应该对宏观经济及货币政策的分析框架有所了解。

　　理解总量、结构是分析一切问题的基础，所有宏观、微观问题都可以从总量、结构两个维度进行解构。我们看到林林总总的宏观分析都要从这两个角度入手，观点的差异无外乎来自对于总量及其速度、结构及其特征的理解差异，因此所有的判断都是主观见之于客观的表象。

　　对于一个入门的研究员来说，最基础的培训莫过于宏观经济分析框架、货币政策沿革，等等。我们试图从简要的结构来向大家展示一个基金研究员应当具有的宏观视角。

第1节

宏观经济分析的基本框架

通过连续的通货膨胀，政府可以秘密地、不为人知地剥夺人民的财富，在使多数人贫穷的过程中，却使少数人暴富。

——凯恩斯

一、宏观经济分析框架

宏观经济分析的起点是从总量和结构两个维度来判断均衡状态，如同居家过日子一样，宏观经济就是整个国家的一本大账，每年赚了多少？都是哪些部门赚钱，哪些部门花钱？从中长期来看，经济处于一个均衡状态，但是阶段性的不平衡和政策、市场的纠偏行为就构成了经济的波动。

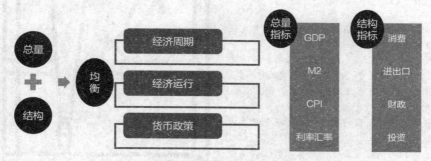

图 3.1　宏观经济分析框架

1. GDP 的构成

表 3.1　GDP 的构成

收入	支出
消费	消费
储蓄	投资
税收	政府购买

2. PMI

宏观经济运行状况的描述是通过一系列数据和指标来表示的。除了图 3.1 展示的指标之外，还有一个很重要的指标是 PMI（中国采购经理人指数），它反映了整个经济的景气程度。

50 是 PMI 的经济荣枯线，PMI 大于 50，表示经济上升，反之则趋向下降。一般来说，汇总后的制造业综合指数高于 50，表示整个制造业经济在增长，低于 50 表示制造业经济下降，如图 3.2 所示。

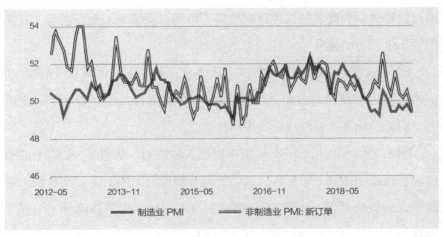

数据来源：WIND

图 3.2　PMI 走势图

3. 经济周期

结构平衡、运行平稳并不是宏观经济运行的常态，经济运行过程中总会存在波动，一般分为衰退、萧条、复苏、繁荣四个阶段。尽管对于经济周期的成因有不同的理解，但是面对经济周期，如何判断经济周期所处的位置？选择合适的投资标的，这是投资必须解决的问题。

其一，改革开放以来，从 GDP 增速来看，经济经过了 6 个周期：1978 ~ 1981 年，1982 ~ 1986 年，1987 ~ 1990 年，1991 ~ 1999 年，2000 ~ 2007 年，2008 ~ 2017 年。

其二，但是从体制变革来看，主要分为四个阶段：1978 ~ 1991 年，1992 ~ 2001 年，2001 ~ 2017 年，2018 年以后。

（1）1978 年之后，是中国经济从计划经济向有计划的商品经济转变的过程，经济逐渐从短缺走向供需相对平衡，中间由于价格并轨的影响，出现了几次大的投资起落和价格波动，但是总体来看，是经济能量释放的结果。

（2）1992 年，中国从有计划的商品经济向社会主义市场经济转变，通过投资体制为代表的几大体制改革，市场经济带来了生产要素的重新配置和生产力的提升。

（3）2001 ~ 2017 年，加入 WTO 之后，人口红利和 WTO 红利带动国内经济进入高速增长期。尽管 2008 年金融危机对经济形成了一定压力，但是总体来看，经济保持中高速增长。

（4）2018 年之后，一是经济增速进入降挡期，从多年 8% 以上的经济增长逐步回落到 6% 左右；二是美国开始遏制中国，中国已经成为美国最大的战略对手，正如 30 年前遏制日本一样，贸易战掀开了中国外部挑战的新状态。人口红利和 WTO 红利的消除对经济形成了巨大的挑战。

其三，因此从广义来看，改革开放以来主要是改革、开放引发动能带来的长期高速增长期，之后是改革开放红利逐步消耗之后带来的经济增速回落期。

📑 案 例 3.1 　　　　　　　　　　　　　　　　　　　　 CASE

贸易战的成因及其影响

事件：（1）2018 年 4 月，特朗普宣布将对中国出口美国商品加征关税，揭开了贸易战序幕。4～5 月，中美之间进行了几轮谈判，但是 6 月下旬，美国还是宣布从 7 月 6 日开始对中国 500 亿美元出口商品加征关税。如果中方采取反制措施，征税金额可能扩大至 2000 亿美元，并最终扩大到 5000 亿美元，这相当于中国对美出口商品的总和。

（2）中国以最大诚意与美国进行谈判，努力避免贸易战的最终爆发。对于中兴通讯事件进行改组董事会，并且采取了扩大金融领域开放、减少贸易逆差等方面的措施。然而，美国最终的决定还是使得贸易战成为无法避免的现实。

点评：

（1）贸易战的根源来自特朗普一贯的对外政策，既是为了吸引选民，有提高中期选举投票率胜算的考量，也是其美国利益至上理念的具体体现。同时，贸易战也是美国制约中国制造 2025，保障其技术利益的内在要求。

① 对内，拉选票的需要，保护美国本土利益，增强选举人认可。

② 对外，对中国制造 2025 和中国高技术领先发展有所担心。

（2）对于中国来说，贸易战意味着 WTO 红利时代的结束。从图 3.3 可以看出，从 2004 年开始，中国进出口贸易总额进入加速上升阶段，外汇储备成为基础货币的重要来源，贸易顺差也在不断扩大。但是从 2014 年开始，贸易顺差有所下降；而对美贸易来说，由于两国产业结构的差异，中国对美出口量一直高于进口，贸易顺差也呈现持续扩大的状况，截至目前，顺差水平在 3000 亿美元左右。

（3）加入 WTO 之后，2010 年，货物降税承诺完全兑现，关税总水平下降到 9.8%，降低了 36%；贸易加权平均关税 4.4%。在 160 个服务业部门中，中国放开了 120 个，超出了当初的承诺；对外支付支持产权费金额年均增长 17%，保护知识产权效果非常明显。

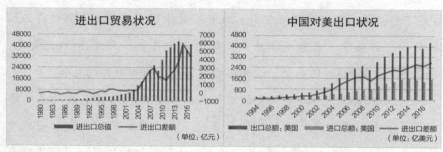

数据来源：WIND

图 3.3 中国对美进出口情况

（4）贸易战是对现有多边贸易体制的巨大挑战，其影响将会在未来 5 ~ 10 年，一方面是中国出口顺差和进出口贸易格局将发生变化，另一方面中国技术赶超和提升的步伐也将受掣肘。

表 3.2 中美贸易战时间表

	美国	中国
2018 年 3 月	3 月 22 日，特朗普签署总统备忘录，对 600 亿美元商品加征关税	3 月 26 日，李克强总理发表言论：对于存在的贸易不平衡问题，中美双方本着务实、理性的态度，通过做大增量促进贸易平衡

续表

	美国	中国
2018 年 4 月	4 月 3 日，美国贸易代表办公室公布 500 亿美元清单 4 月 5 日，特朗普表示对额外 1000 亿美元商品加征关税 4 月 16 日，禁止向中兴通讯销售零部件、商品、软件和技术	4 月 4 日，对原产于美国的大豆、汽车、化工品等加征 25% 关税 4 月 5 日，中方做好充分准备，将毫不犹豫、立刻进行大力度反击 4 月 17 日，对进口高粱临时反倾销
2018 年 5 月	5 月 3 ~ 4 日，中美双方磋商 5 月 15 ~ 19 日，中美双方磋商 5 月 29 日，对 500 亿美元高科技产品加征 25% 关税	
2018 年 6 月	6 月 15 日，对 500 亿美元商品加征关税 6 月 19 日，对额外 3000 亿美元商品加征 10% 关税	6 月 15 日，对进口大豆、汽车、水产品加征关税，涉及 340 亿美元，2018 年 7 月 6 日生效
2018 年 7 月	7 月 6 日，威胁对全部 5000 亿美元销售的产品加征关税 7 月 10 日，对 2000 亿美元商品实施加征 10% 关税的计划	
2018 年 8 月	8 月 2 日，对 2000 亿美元商品加征的关税提高到 25% 8 月 23 日，第二轮 160 亿美元征 25% 关税生效	8 月 3 日，计划对 600 亿美元商品加征 25%、20%、10%、5% 不等的关税 8 月 23 日，对 160 亿美元商品加征 25% 关税
2018 年 9 月	9 月 7 日，关税听证会后对 2000 亿美元商品加征关税 9 月 18 日，对 2000 亿美元商品于 2018 年 9 月 24 日加征 10% 关税。	9 月 11 日，向世贸组织申请授权对美国实施每年约 70 亿美元贸易报复 9 月 18 日，对 600 亿美元美国商品加征 10% 或 5% 不等的关税
2019 年 1 月	第 11 轮贸易磋商	
2019 年 5 月	从 5 月 10 日开始对 2000 亿美元中国商品加征的关税提高到 25%，将华为及非美国附属 68 家公司纳入实体清单	对 2493 个税目产品加征 25% 关税；对 1078 个税目加征 20% 关税，对 974 个税目加征 10% 关税，对 595 个税目加征 5% 关税
2019 年 8 月	从 9 月 1 日起，对价值 3000 亿美元中国商品加征 10% 关税，分别在 2019 年 9 月 1 日和 10 月 15 日实施	8 月 23 日，中国对 750 亿美元美国商品加征 5%、10% 关税
2019 年 9 月	推迟加征中国商品关税，推迟到 2019 年 10 月 15 日	

注：美国为美国当地时间，中国为北京时间。

4. 经济周期对各行业的影响

长波经济周期带来了经济结构调整和变化，对于投资而言需要关注的是三个问题：

（1）哪些行业收益和基本面向好？过去 30 年，中国明显受益于经济增长的是地产和投资相关行业。由于房地产业拉动作用明显，从建筑、建材到家装，从一般原料到电器消费，均快速增长。房地产相关行业不仅在"房市"风生水起，而且在"股市"也取得很好的长期收益。有人说，中国的指数 10 年来是零增长，但是从受益行业来说，增速是持续的。

从目前中国所处的状况来看，人口结构出现不可忽视的重要特征：一是人口老龄化，2018 年年底中国 60 岁以上人口数量已经达到 2.49 亿，占人口总数的 17.9%，而且这个比例还在不断上升。有关预测显示，2030 年中国 60 岁以上人口将达到 3.71 亿人。连格林斯潘都说，人口老龄化、福利支出增长压缩了储蓄的空间，这是世界经济萎缩的重要原因。二是人口零增长时代的快速到来。三十年前，我们通过计划生育降低了人口出生率，但是当时没有想到的是，30 年后的今天，中国也面临着当年欧洲人口零增长乃至负增长的问题，放宽二孩政策并没有明显提高出生率，原本以为 2016 至 2017 年新出生人口能够提高到 2000 万人以上，从而出现婴儿潮，但是实际并非如此，2019 年全年新出生人口甚至有可能降低到 1200 万人以下。

人口结构的演化对我们来说，是需要关注养老、医疗行业的变化及其投资机会。从养老产业来说，与日本相比，中国的公共设施便利性、养老体系完备性还有较大差距，国家出台了积极应对老龄化的中长期规划，2022 年，初步建立应对人口老龄化的制度框架；2035 年制度安排更加科学有效，通过夯实社会财富储备、改善劳动力有效供给、打造高质量养老服务体系等。许多保险公司在养老社区、商业养老等方面也作了很多有益的尝试。而对于医疗行业而言，国家医疗保障支出压力不断增加，因此政府通过定量采购招标的方式促进药品定价透明化，在提高医疗服务水平的同时控制医疗保险支出。对于医药行业来说，分化明显，医疗器械、医疗服务、在线医疗等将有广阔的空间，有创新能力的医药企业也可以通过新药研发获取相应回报，但是对于大普药、仿制药占比较高的医药企业来说，未来的利润空间存在显著压缩的可能。

（2）哪些行业在变革过程中被边缘化？"两高一剩"行业是其中的代表，高污染、高耗能、产能过剩的行业在每次的经济短波周期中都是受影响最大的。电解铝等有色企业资产负债率居高不下，经营状况举步维艰，甚至有些债务偿付出现困难。

（3）三次产业结构发生了深刻的变化，改革开放以来，随着农业产业化和规模化程度的提升，第一产业在 GDP 中的比重显著下降，从30% 左右下降到 7%，而第三产业的比重逐年上升，目前已经占到 GDP 的半壁江山，如图 3.4 所示。另外一个我们可以看到的现象是，农村人口在上升，但是农村务农人口越来越少，一方面是生产力水平的提高，另一方面由于第三产业收入高，很多务农人口都走向了城市，推动了城

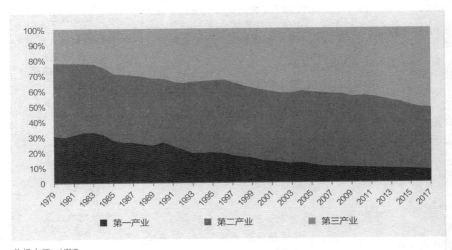

数据来源：WIND

图 3.4　改革开放以来国内三次产业占比变化情况

市化和第三产业的发展。

5. 财政货币政策对宏观经济的影响

财政和货币的关系相当于政府的钱袋子和国家的钱袋子。财政决定了政府有多少钱可以花；货币政策是国家的钱袋子，货币政策宽松，每个企业、每个居民感受到的融资环境是宽松的，融资成本低，经济活力也会增强。从表3.3可以看出，不同时期的财政货币政策对宏观经济产生相应的影响。

表3.3 改革开放以来不同阶段的宏观经济与财政政策

时间段（年）		宏观背景	财政政策
1979 ~ 1992	1979 ~ 1982	经济过热、财政赤字严重、物价上涨、外贸逆差	紧缩财政 调整、改革、整顿、提高
	1982 ~ 1985	经济增速下滑	宽松财政 利改税、增加有效供给
	1985 ~ 1992	转型过程中严重通货膨胀	紧缩财政 提高税率 减少转移支付
1993 ~ 2002	1993 ~ 1996	经济过热 CPI（居民消费价格指数）飙升 1996年经济软着陆	适度从紧 分税制改革
	1997 ~ 2002	亚洲金融危机，外贸受到严重冲击 产能过剩	扩张的积极财政政策 增发长期国债 加大基础设施建设
2003 ~ 2015	2003 ~ 2007	投资需求膨胀、贷款规模扩大	稳健中性
	2008 ~ 2010	次贷危机影响，经济下行压力加大	积极财政政策 四万亿投资计划 增发国债 结构性减税
	2010 ~ 2015	经济增长中枢下移，存在一定的压力	积极财政政策 适度赤字 结构性减税 优化财政支出
2016年至今		经济增速提质换挡期，经济增长新常态	积极财政政策 提高赤字率 减税降费 优化支出结构 三去一降一补

二、对当前经济形势的看法

2018 年以来，国内宏观经济增速平稳，经济增长的韧性也明显增强。但是，一些方面的不确定因素对于未来经济发展的判断形成了明显的影响。一是贸易战如果全面爆发，产生的 5000 亿美元货物增税对实体经济的影响；二是金融去杠杆进程，涵盖了包括信托、银行、政府平台等多个层面；三是汇率波动和人民币国际化；四是财政政策的作用，最后落脚点在于经济增长、物价稳定、充分就业的三大目标。

我们对未来经济形势的判断是经济增长遇到了较大的挑战，需要提防去杠杆过程中灰天鹅变成黑天鹅带来的多米诺骨牌效应，经济的"提质增速换挡"可能更多地集中在防止换挡失灵的问题。

对于政府部门来说，稳定并消减债务，防止预算软约束带来的地方财政膨胀和债务持续加剧，平稳有序地降低地方政府财务杠杆，以防风险作为第一要务；对于居民来说，要改变过去 20 年形成的"住房储蓄"观念并非一朝一夕的事情，也要关注到经济增速下行可能带来的收入风险；对于企业来说，未来的竞争不再是做大蛋糕和切蛋糕的问题，而是竞争市场上寻找市场定位或创造蛋糕的问题，盲目通过市场总体扩张带来的增量红利时代也在逐渐消退。对于外贸企业来说，形势将更加严峻，"三来一补"时代的加工利润逐渐消减，在贸易壁垒面前夹缝求生的概率会明显增大。

如果说实体部门做好过苦日子的准备的话，对于金融部门来说，未来的 3～5 年将面临着巨大的洗牌。一是要认清形势，在变革的市场上面首先防范风险，然后再寻找业务的突破点。忽视风险的业务扩张有可能会造成很大的经营风险。二是要做好行业利润平均化甚至出现部分企业被淘汰的风险。过去 20 年，受益于中国快速的经济增长，金融部门得到了一定的发展红利，但是随着息差收窄、委外资金回撤、监管步调一致的影响，金融部门的红利时代即将过去。三是差异化发展和扁平化发展，层层嵌套逻辑不再成立，每个金融企业都要面对一线最终客户，抢夺客户资源的战争会异常惨烈；在竞争面前，通过产品差异化和业务标准化，提高服务效率，提升业绩才是最终挖掘市场资源的核心所在。

对于投资而言，不确定性是投资的天敌，也是投资超额收益所在。面对经济存在的相对确定的不确定性，一是要控制高风险的股票资产比重，防范黑天鹅带来的净值冲击。远的如 1998 年金融危机带来的阵痛，近有股灾崩盘带来的巨变。而且，目前股票市场上面杠杆存续比例仍然较高，仍然存在局部结构性震荡的可能。二是去杠杆过程进入平缓阶段，关注结构性放松带来的债券市场结构性机会，市场分化会不断加剧，利率债的行情能够持续的概率增大，但是信用债差异化程度不断提升，要关注低评级、杠杆率较高的信用债可能存在的违约风险。三是汇率结构性风险。对于国际化投资而言，贸易壁垒和贸易保护主义带来的影响是多重的，因此要有效对冲汇率风险，降低汇率敞口，进行全球化合理配置，降低组合总体波动。

宏观经济分析小结

▶ 宏观分析要从总量、结构入手，沿时间轴展开分析。在宏观分析过程中，三维数据的理解和分析是重要的支点。

▶ 宏观分析是做好资产配置选择的基础，只有判断好风向和气候，才能更好地把握行船的方向。

▶ 目前时点是中国宏观经济的重要转折点，经济增长、通货膨胀、政策选择都存在较大的不确定性。

第 2 节
货币政策的演变与解读

一、货币政策的演变

对于做投资的人来说，理解和解读货币政策是投资的必修课。由于货币政策用词些微的变化，就有可能意味着政策方向的转变。正由于影响很大，央行在用词方面字斟句酌，越来越严谨审慎，降低货币政策的陡然变化对市场的影响。

货币政策最根本的目标在于通过逆周期调节，实现经济的平稳增长，降低货币供给和价格的大起大落，为经济增长营造一个舒适宽松的环境。改革开放以来，中国的货币政策随着经济特征的变化而演变，如表 3.4 所示。对于投资人来说，一是要了解货币政策的历史，历史往往是未来最好的镜子；二是要能够解读、分析、理解货币政策的意图，并在经济指标变化的动态过程中对货币政策的趋势和方向有自己的预判。

如周小川行长所指出的，货币政策总体来说有五大范畴：宽松、适度宽松、稳健、适度从紧、从紧。我国 2011 年货币政策从适度宽松调整到稳健，在过去的 7 年中，货币政策总体保持了稳健的基调，根据市场和经济状况进行一定的微调。

表 3.4　改革开放以来货币政策的演变

时期（年）	经济特征	货币政策
1979 ~ 1983	计划经济管理体制	货币和银行作用弱化，政府控制价格、货币投放量和经济增长

续表

时期（年）	经济特征	货币政策
1982～1985	"翻两番"战略目标，经济高速增长	加大货币供给，缓解财政赤字，货币供给持续增加
1986～1988	通胀率连创新高，从1986年的6.5%飙升到1988年的18.8%	控制总量、调整结构，上调准备金率和再贷款利率，强制手段调整贷款结构
1989～1991	经济受到一定的影响，经济增长压力增大	先紧缩、后放松，为了恢复经济，扩大贷款规模，下调汇率和3次存贷款利率
1992～1997	十四大之后，经济高速发展，固定资产投资规模迅速扩张，出现经济过热	适度从紧（贷款限额下资产负债比例管理、启动公开市场业务、回收再贷款、有管理的浮动汇率）
1998～2002	1997年亚洲金融危机，贬值压力很大，1998年洪水对经济造成较大冲击	一是坚持人民币不贬值，稳定汇率；二是扩大内需（取消贷款限额、5次下调存贷款利率、5次降准、扩大公开市场操作）。1998年取消了信贷规模管理
2003～2007	投资、出口、信贷、外汇储备快速增长	稳中从紧、渐进式调整。提高8次存贷款利率和15次准备金率，发行央票，进行公开市场操作
2008～2012	美国次贷危机、南方雪灾、汶川地震等	既要保持经济平稳发展，又要控制物价上涨。采取"适度宽松"的货币政策，4次降准和5次下调存贷款利率，暂停发行央票
2013年至今	经济增速提质换挡，经济增长压力增大	稳健货币政策，针对市场状况进行适度预调微调，逐步放宽存贷款利率，推进利率市场化和人民币国际化

货币政策有三大政策工具：法定存款准备金率、再贴现利率和公开市场操作。

（1）法定存款准备金，是指商业银行等金融机构将吸收存款的一部分上缴中央银行作为准备金。随着 M2（M1 和 M2 都是反映货币供应量的重要指标）的增长，每降低 0.5% 的存款准备金会释放大致 7000 亿元的货币，对市场的影响很明显。

（2）再贴现利率，是指央行对商业银行持有未到期票据申请再贴现时的利率和资格进行调整。利率的调整需要非常谨慎，因为往往隐含着明显的政策信号。

（3）公开市场操作，是指央行在金融市场上公开买卖有价证券，这种方式主动性强、灵活性高、影响范围广。

改革开放以来，我们能够看到货币政策的变化越来越市场化，一是货币政策的预调微调，在信贷额度控制等方面政府干预越来越少，更多通过公开市场操作、窗口指导等方式降低计划式调节等弊端；二是利率、汇率市场化的进程逐步加快，市场决定利率占到了主导作用；三是货币政策与市场的沟通路径更加通畅，政策更加透明，更好地做到了政策预期管理。

货币政策的宽松还是收紧可以通过 M2 进行衡量，一般 M2 增速是 GDP 增速加一定的幅度。投资中往往用 M2-GDP-CPI 来衡量货币供应量实际增速的状况，如图 3.5 所示。

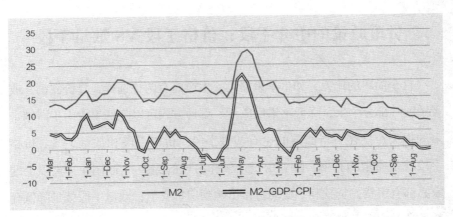

数据来源：WIND

图 3.5　M2-GDP-CPI 情况图

随着金融总量的增长，证券、保险类机构对实体经济的资金支持逐渐加大，商业银行表外业务对表内贷款替代明显，新增人民币贷款不能够准确反映金融和实体经济的关系。2011 年开始，央行编制并公布社会融资规模增量统计数据，2014 年编制和公布社会融资规模存量数据。

社会融资规模 = 人民币贷款 + 外币贷款 + 委托贷款 + 信托贷款 + 未贴现银行承兑汇票 + 企业债券 + 非金融企业境内股票 + 投资性房地产 + 其他

社会融资规模主要分为四个部分：一是金融机构表内业务，包括人民币和外币各项贷款；二是金融机构表外业务，包括委托贷款、信托贷款、未贴现银行承兑汇票；三是直接融资，包括非金融企业境内股票和企业债券；四是其他项目，包括投资性房地产和其他。

M2 和社会融资规模分别是金融体系的负债方和资产方，二者相互补充，相互印证。社会融资规模涵盖的资产范围更广，兼具总量和结构两方面信息，而 M2 是总量指标。

二、货币政策的中介手段：价格手段 VS 数量手段

打个简单的比方，如果苹果滞销，生产商有两种选择，降价促销，或者销毁一部分苹果，降低苹果供应量。哪种方式可以降低果农由于滞销带来的损失？摆在央行面前的也有两种手段：价格手段和数量手段。价格手段就是通常的利率，随着房贷余额和占比的提高，全中国 30% 以上的家庭都有房贷，贷款利率变动直接影响到房贷支出；数量手段就是降低存款准备金率以及近几年央行发明的各种花式放水手段，MLF（中期借贷便利，俗称"麻辣粉"）、SLF（常备借贷便利，俗称"酸辣粉"）、PSL（抵押补充贷款，俗称"怕酸辣"）、贷款额度等，如表 3.6 所示。

表 3.5 货币政策调控工具比较表

类别	数量型工具	价格型工具
调控手段	准备金率、公开市场操作、再贴现	利率、汇率

续表

类别	数量型工具	价格型工具
调控目标	基础货币、货币供应量	资产价格变化
调整重点	GDP、CPI、FAI（固定资产投资）等	微观主体和经济行为调整

1. 利率与汇率变化

贷款利率变动对信贷和微观主体的影响是显而易见的。2009 年，配合 4 万亿刺激政策，货币政策走向宽松，贷款利率出现下浮，受此影响，居民住房贷款出现了井喷式增长，实际贷款利率与理财利率出现倒挂；2015 年，利率下浮幅度再次出现 15% 左右的降幅，又一次引发了居民加杠杆的预期和购房热情。利率调整的作用是显而易见的。但是，正因为利率调整牵一发而动全身，央行动用利率手段慎之又慎，如图 3.6 所示。

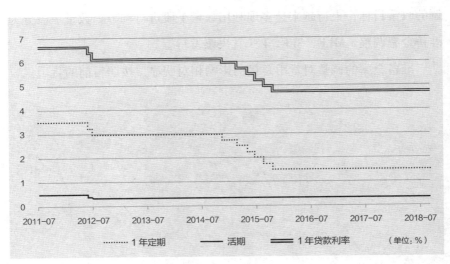

数据来源：WIND

图 3.6　存贷款利率调整和变化过程

在封闭的经济体中，利率变量是单一的，但是随着中国开放程度的不断加深，2017 年，中国货物进出口贸易总额 27.8 万亿元，GDP 达

82.7 万亿元，贸易总额占比连年上升，汇率对经济的影响也日益显著。

汇率基本已经实现了市场化调节，政府对于汇率的影响和干预一方面通过商业银行的市场行为间接参与，另一方面通过外汇管制政策影响资本流动和汇率的变化。总体来看，目前人民币汇率处于相对均衡的状态，从购买力评价的角度看也是相对合理的。

汇率变动的理解和认知对于外贸企业来说已经很熟悉，尤其是很多关注全球资产配置的高净值客户，但是对于一般居民来说，汇率变动的影响和理解还在逐渐建立的过程中。

2. 数量手段的使用与变化

随着货币规模的扩大，为了降低利率手段的影响，体现政策预调微调的政策目标，央行越来越多地利用数量手段进行调节。数量手段分为准备金率调整、MLF、SLF、PSL、央票发行等。

准备金率的调整对货币总量的影响相对明显，按照目前的货币供应

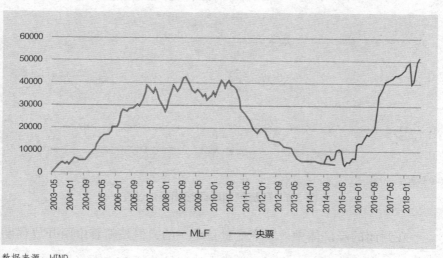

数据来源：WIND

图 3.7　MLF 和央票变动情况

量，每个百分点的准备金率调整对基础货币的影响超过了数千亿元。而 MLF、央票等手段相对温和，可以根据货币到期量进行一定的微调，如果累积到一定程度则需要进行准备金率调整，如图 3.7 所示。

表 3.6　价格手段与数量手段应用场景与效果差异

工具	SLF	MLF	SLO	PSL
名称	常备借贷便利	中期借贷便利	短期流动性借贷便利	抵押补充贷款
发起方	商业银行	人民银行	人民银行	人民银行
期限	1～3个月	3个月、6个月、1年	7天以内	3～5年
资金用途	银行资金头寸	三农、小微等定向目的	银行资金头寸	符合政策的项目投放
利率决定	人民银行	利率招标	利率招标	人民银行

注：SLO 指短期流动性调节工具，俗称"酸辣藕"。

3. 如何解读货币政策

在熟悉了货币政策的关键指标和重要变量之后，投资过程中最重要的就是货币政策的解读和方向判断。每一次货币政策的转向和调整都可能意味着市场的一次重大机会，无论债券还是股票投资，货币政策的解读能力是投资的必备能力。

（1）读报告，看用词变化

一般货币政策的基调在年度政府工作报告中有所体现，央行对于经济的判断和政策微调会在央行季度工作报告、工作论文、新闻稿、政策文件中有所体现。

货币政策执行报告是季度发布，是对于解读货币政策很重要的一个文件。我们可以从货币政策执行报告中看出政策的端倪。

①货币政策执行报告的架构

货币政策执行报告分为五大部分：货币信贷概况、货币政策操作、金融市场运行、宏观经济运行、货币政策趋势。其中，2005 年开始，货币政策趋势替代了之前的"预测与展望"，也是投资人最关注的一个部分。

2014 年二季度开始，新增了跨境人民币收付情况，关注了经常项 / 资本项、货币贸易 / 服务贸易等部分。

货币政策操作部分反映了当季度的运作，也是央行和市场沟通的重要途径。2005 年汇改之后，增加了人民币汇率形成机制和外汇管理体制；2012 年之后还逐步增加了三农贷款、存款保险制度、宏观审慎差额准备金、SLF、MLF 等，体现了货币政策的细化和精准性的特征。

②阅读货币政策报告需要关注以下几个部分：

专栏，如 2016 年四季度"将表外理财纳入宏观审慎评估"，提出了"货币政策 + 宏观审慎政策"的调控政策框架。

公开市场操作，随着 2013 年之后外汇储备对基础货币的影响减弱之后，公开市场操作对于金融机构的影响日渐明显，尤其新增了 MLF、SLF、SLO、PSL 等工具之后。

下一阶段货币政策思路，反映了央行货币政策的走向，其中的言语变化都非常值得关注。

（2）指标跟踪观察异动

表 3.7　货币政策总量及结构指标

类别	指标名称
总量指标	M1、M2、社会融资规模、存贷款
结构指标	贷款结构、存款结构、变动幅度差异等

如 2018 年 5 月，社会融资规模为 7608 亿元，同比少 3023 亿元。其中委托贷款同比多减 1292 亿元，信托贷款同比多减 2716 亿元，企业

债券融资净减少 434 亿元。社会融资规模增速的迅速下降反映了在金融强监管、去通道的背景下，表外融资萎缩，银行和其他金融部门债权增速有所下降。但是社融规模的大幅下跌对于市场产生了明显的影响。一是股票市场持续下跌；二是债券市场对于降准和宽松的预期有所增强，在数据公布后一周，央行发布了定向降准通知，债券收益率应声下行，创年内新低。

货币政策分析要点

▶ 货币政策要从数量、价格手段入手，研判货币政策的手段和目标。

▶ 货币政策有显著的学习效应，历史往往能够对投资行为带来很多的启发。

▶ 货币政策重要指标和"锚"的判断非常重要。

第4章

基金的投资要诀：安全性

CHAPTER 4

"负债违契不偿"：债务额没有达到价值三十匹绢帛的，超过了还债期限二十天以上，最高刑罚是杖打六十；债务额超过了价值一百匹绢帛的，杖打一百。

——《唐律 疏议·杂律》

第 1 节
什么样的资产是安全的？

在到达目的地之前，没有绝对的安全。

——方文山

最狭义的安全资产是现金和主权债券，但是考虑到该部分资产收益率低、可以提供安全垫边际有限，在实际运作中，往往将一部分信用债也纳入安全资产的范畴。一般来说，安全资产的收益在 3% ～ 5% 之间。

口径 1：现金和国债

口径 2：现金、国债、金融债

口径 3：现金、国债、金融债、高等级信用债

无论哪个口径，安全资产的剩余期限（包括含有回售权的债券）应当小于组合到期日，防止久期过长带来的下跌风险。

在基金运作历史上，长久期和纯信用是一把双刃剑，存在由于久期过长，或者信用风险暴露带来的安全资产下跌，安全垫受损的情况。

表 4.1　周市场行情回顾

代码	简称	2019/11/22	2019/11/15	涨跌幅
000050.sh	50 等权	2,275.6134	2,287.1457	−0.50%
000300.sh	沪深 300	3,849.9948	3,877.0892	−0.70%
399005.sz	中小板指	6,175.5672	6,197.5246	−0.35%
399006.sz	创业板指	1,679.8026	1,674.7838	0.30%
884257.wI	可转债指数	885.9882	880.4380	0.63%
000832.csi	中证转债	332.0354	331.5331	0.15%
CBA00303.CS	中债－总全价（总值）指数	126.0161	125.5020	0.41%

第 2 节
债券的几个基本概念

"负债违契不偿"：债务额没有达到价值三十
匹绢帛的，超过了还债期限二十天以上，最高
刑罚是杖打六十；债务额超过了价值一百匹绢
帛的，杖打一百。

——《唐律 疏议·杂律》

一、债券的收益计算

对于大多数中小投资者来说，债券投资听起来是比较陌生的，但是在我们生活中时常能够遇到类似债券投资的事例，比如购买银行 3 个月理财年化收益率 4.7%，就表示持有 3 个月，理财可以提供的收益率为 4.7%/4；比如银行 3 年期定期存款 2.5%，买入到期后，客户的总体收益为 7.5%。当然，最接近普通债券投资的是储蓄式国债，3 年期储蓄式国债收益率 4%，5 年期储蓄式国债收益率 4.27%。

但是，基金投资过程中的"债券投资"最大的区别在于，债券是可以在市场上交易的，因此债券投资包含了两层含义：一是债券的利息收益，二是债券价格波动过程中产生的资本利得。

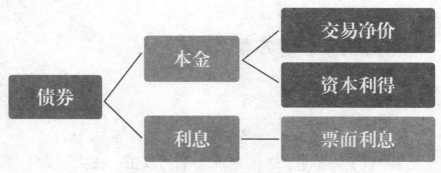

图 4.1　债券收益分解图

从图4.1可以看出，我们平常所理解的债券只是包括了本金和利息，但是在债券到期之前，由于流动性、市场基准利率波动的影响，债券交易并非按照本金价格交易的，因此产生了资本利得的概念。

举个简单的例子，李某购买100万元5年期债券，票面利率4%，购买之后1年，央行提高基准利率50bp，5年期债券收益率提高到4.5%，如果李某由于家里需要资金，卖出该债券。问题一：债券卖出价格是多少？问题二：李某持有该债券1年的收益是多少？

问题一：债券卖出价格应当是未来现金流的贴现价值，如表4.2：

表 4.2　债券现金流贴现表

日期	CF0	CF1	CF2	CF3	CF4
现金流	?	4	4	4	104

注：CF0=NPV（4.5%,4,4,4,104）=98.21

可以看出，随着利率的上升，债券的价格是下跌的。这和常规的理解有非常大的差异，这也是很多初学者刚接触债券时最难理解的一件事。加息对于没有购买债券资产的人是利好的，因为可以获得更好的未来收益，但是对于已经持有债券资产的人来说是利空的，因为手中的债券资产价格在下跌。

问题二：李某持有该债券 1 年的收益如下：

李某的收益 = 资本利得 + 票面利息收益 =（98.21–100）+ 4=2.21，
即李某过去 1 年持有该债券的收益为 2.21%，低于票面利息 4%。

二、债券选择与收益差异

炒股票的人都知道，选择进攻性强的股票收益更高，而选择进攻性
弱的股票收益和风险较低，通常而言，蓝筹股预期收益低于中小盘股。
在经济学原理上，有一个术语来形容股票的进攻性特征，即 BETA，不
同行业的股票 BETA 值不同。

对于债券而言，债券的价格差异来自三个方面：流动性风险、信用
风险、久期风险，如图 4.2 所示。

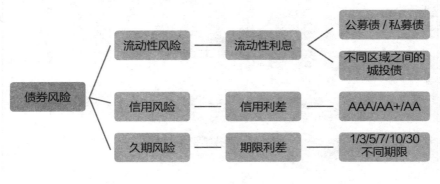

图 4.2　债券风险示意图

收益率最低的债券是国债，因为流动性好、信用风险很低，因此通
常将 1 年期国债的利率作为无风险利率。其他类型的债券根据期限、信

用、流动性增加一定的利差，形成不同的收益率及曲线，如表 4.3、图 4.3 所示。

表 4.3　部分债券收益率表

简称	剩余期限（年）	债券类型	到期收益率（%）	利差（bp）
09 附息国债 07	0.98	国债	2.99	0.00
18 附息国债 07	2.91	国债	3.21	22.07
18 国开 05	9.74	政策性金融债	4.50	151.05
17 国开 15	9.28	政策性金融债	4.64	165.04
18 国开 07	0.92	政策性金融债	3.80	81.01
16 电投 01	0.97	公司债	4.48	149.25

数据来源：WIND

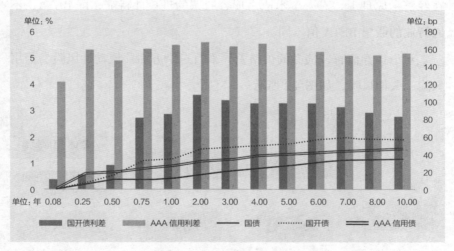

图 4.3　债券类别与息差

三、债券交易策略

如前所述，债券收益来自利息收入、资本利得，而不同债券根据信用等级、流动性情况也有所差异。因此，债券交易过程中根据不同品种也形成了很多的交易策略。如表 4.4 所示：

表 4.4　主要债券交易策略一览表

策略类别	策略名称	策略特征
息差	择券策略	基于相同评级或发行人，买入收益率高的债券，卖出收益率相对低的债券
息差	行业轮换	根据行业息差情况，买入收益率相对高的行业债券，卖出收益率相对低的行业债券
博弈	信用调级选择	买入有可能提高评级的债券，卖出有可能降低评级的债券，寻找市场个券定价偏差的机会。如供给侧改革带来周期性行业的盈利全面复苏，行业息差也出现明显下降
博弈	一级投标	对于很多债券，一级投标价格和二级价格存在差异，有缴款时间差的因素，也有投标参与机构的因素，此时可以通过一二级息差博弈的方式参与，多出现在国债招投标等环节
期限利差	收益率曲线形变交易	收益率曲线分为牛陡、熊陡、牛平、熊平等多种形态，根据未来对收益率曲线形变的判断，调整期限结构
期限利差	特殊结构交易	对于有回售权的债券,如果票面利率小于或等于到期收益率,具有一定的进攻性特征,收益率下行过程中,会按照长久期衡量其价值,而下跌过程中,由于回售权的存在按照短久期计算,具有比较强的防御性
期限利差	骑乘交易	在久期相对确定的情况下,选择骑乘比较明显的期限品种进行投资,可以有效提高组合的静态收益和防御性

四、如何构建安全资产组合

安全资产及未来收益是避险策略组合基础收益所在，基础打得好不好，直接影响到组合可投资风险资产的权重和比例。一般来说，安全资产部分配置我们以 3 年内利率债或高等级信用债作为基础。安全资产组合的构建需要考虑以下几个因素：

1. 择时

债券投资有句俗话叫做"七分靠生，三分靠长"，因此，建仓时点对于安全资产配置的影响是决定性的。从图 4.4 可以看出，过去 5 年中，3 年期国开债收益率呈现显著波动，最低接近 2.5%，最高接近 6%。由于建仓时点收益率的差异，基金组合总体安全垫边际影响很大。我们一般按照目前收益率的历史分位作为择时的参考，图 4.4 列示了主要利率品的历史分位（2017 年 12 月至 2019 年 11 月）。

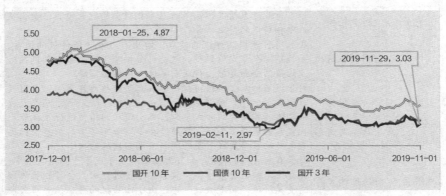

数据来源：WIND

图 4.4　国开债收益率一览图

表 4.5　国开债收益率一览表

	国开 10 年	国债 10 年	国债 3 年	国开 3 年
0%	3.39	3.00	2.64	2.97
25%	3.61	3.17	2.85	3.15
50%	3.86	3.39	3.02	3.43
75%	4.41	3.65	3.34	4.21
100%	5.13	3.98	3.81	4.92

2. 矩阵式投资

　　债券投资和股票投资最大的差异在于，股票投资对于个股选择要求很高，个股的差异会直接导致组合收益的变化，而债券投资过程中，高等级信用债和利率债更加关注期限和结构变化；低等级和高收益债更加关注个券的选择，期限的主力品种为 3 年左右。

对于高等级（AAA 和超 AAA）债券和利率债，我们一般用矩阵化的方式对组合结构进行分析。

（1）组合结构表反映的是不同期限和等级债券在组合中的比重，按照期限可以分为哑铃型（短期和长期债券占比较高）、梯形（各期限债券占比相对平均）、子弹型（主要集中在短期或者长期债券）等。

（2）息差结构反映了不同等级和期限债券和 1 年期国债比较的收益率差异，根据息差大小分为平坦化（期限利差相对较小）、陡峭化（期限利差相对较大）等情形。

（3）息差在什么位置合理？这主要取决于经济基本面状况、历史均值比较。股票有平均市盈率的概念，对于息差也是如此，以历史中位数作为参照。一般认为，息差水平与历史中位数偏离幅度较大时，存在回归的可能。

表 4.6　组合结构表

	1 年以内	1 ~ 3 年	3 ~ 5 年	5 ~ 7 年	7 ~ 10 年
国债	5%	10%	15%		
金融债		10%	15%		15%
AAA 信用债		25%	5%		

表 4.7　收益率结构表

	1 年	3 年	5 年	7 年	10 年
国债	2.6%	3.2%	3.3%	3.5%	3.6%
金融债	3.3%	3.5%	3.7%	4.2%	4.2%
AAA 信用债	4.0%	4.3%	4.5%	4.7%	4.8%

表 4.8　息差分布表（单位：bp）

	1 年	3 年	5 年	7 年	10 年
国债		60	70	90	100
金融债	70	100	110	160	160
AAA 信用债	140	170	190	210	220

表 4.9　息差历史中位数（单位：bp）

	1 年	3 年	5 年	7 年	10 年
国债		50	60	70	80
金融债	50	70	90	110	120
AAA 信用债	120	130	160	180	200

（4）组合收益贡献。对于 1 个季度或者一定时间内，组合净值增长主要来自哪些期限？哪些评级的债券？我们一般用组合收益贡献分析来进行评价。组合收益贡献包括资本利得和票息收入两个部分。通过组合收益分解，我们可以清晰地看到投资决策过程中，投资策略和投资品种的选择是否妥当、市场判断与实际走势是否存在偏差。

表 4.10、4.11 可以看出：组合静态收益与持仓比例相对比较接近，主要是由于不同债券利率水平差异导致；从组合资本利得变化来看，5 年内品种的资本利得为正，而 10 年资本利得为负，反映了收益率曲线陡峭化，10 年期收益率略有上行所致。

表 4.10　组合收益分解（静态收益）

	1 年	3 年	5 年	7 年	10 年
国债	0.05%	0.1%	0.15%		
金融债		0.11%	0.16%		0.17%
AAA 信用债		0.3%	0.07%		

表 4.11　组合收益分解（资本利得）

	1 年	3 年	5 年	7 年	10 年
国债	0	0.03%	0.05%		
金融债		0.03%	0.05%		−0.05%
AAA 信用债		0.05%	0.02%		

债券投资分析要点

▶ 债券投资收益包括利息收入和资本利得。

▶ 债券投资不是必然赚钱的，长久期非持有到期的债券投资会存在明显波动。

▶ 债券投资最核心的风险指标是久期，类似股票投资的 Beta，决定了组合弹性和进攻性。

▶ 利息、久期波动的权衡是债券投资时常需要关注的命题。

第 3 节

信用债：带刺的玫瑰

如果一个人单独进行思考的时间太长，那么，他会暂时相信愚蠢的东西，甚至达到令人惊奇的程度。

——凯恩斯

一、信用债的发展与演进

国内由于分业监管的原因，信用债因为交易场所、监管机构的不同，划分为不同的品种，如表 4.12 所示。

表 4.12　信用债监管机构及交易场所

监管机构	品种	期限	交易场所
发改委	企业债	一般 3 年以上	银行间，后逐渐进入交易所
证监会	公司债、私募债、可转债、可交换债	各种期限	交易所
中国人民银行	短期融资券、中期票据	各种期限	银行间

中国的信用债市场起步较晚，而且在很长的一段时间内，由于信用债发行量占比小、市场影响大，投资者对于企业债有"隐性刚兑"的预期，信用债收益率与利率债差异不大。

表 4.13　信用债特征及风险程度

时间	信用债特征	风险程度
2007 年之前	银行提供担保，优质大企业发行	很低
2007 ~ 2011 年	无担保信用债发行，资质普遍较好	较低
2011 ~ 2013 年	城投债和信用债大规模扩容，信用债担保、抵押条款宽松，综合融资成本较低，受到发行人追捧	中低
2013 ~ 2016 年	超日债违约开始，信用债的刚兑历史被打破	中
2017 年至今	违约频率、违约数量明显增加，信用息差不断扩大	中，部分低评级企业风险提高

从表 4.13 可以看出，2007 年之前，大部分信用债有银行提供担保，信用债类似于国债和金融债，风险很低，信用息差的波动主要来自流动性差异；2007 年开始，由于江铜企业期货投资对于财务状况影响的传闻，导致江铜债出现大幅波动，投资人逐渐开始发现，除了久期长短、信用也能够导致债券的价格出现大幅变动；2007 ~ 2013 年总体上是信用债的"蜜月期"，发行人普遍资质较好，大部分是银行或者大型券商承销发行，承销机构的资质间接为债券提供了一定的隐性担保。2013 年开始，随着超日债、湘鄂情等债券的违约，信用债资质分化开始逐渐扩大。但是城投债由于有隐性的政府背书，又因收益较高受到很多机构的追捧。

📄 案 例 4.1　　　　　　　　　　　　　　　　　　　　　C A S E

超日债事件回顾

超日债违约有多个方面的因素，一是行业景气度大幅下降，光伏行业很多企业因为前期扩张太快，经营业绩不断下滑而陷入债务危机；二是地方政府没有如以往一样进行紧急救助，按照市场化方式解决违约问题。

资料来源：WIND

图 4.5　超日债事件演变

　　违约不仅对企业本身，而且对市场情绪产生了巨大的负面影响，超日债宣告违约当日，交易所低评级债券均大幅下跌。11 中孚债下跌 4.22%，12 中富债下跌 1.94%，12 湘鄂债下跌 1.67%。而在之后一段时间，中富债、湘鄂债相继出现了无法按期兑付的情况。

表 4.14　信用事件及其影响

时间	信用事件	市场影响
2008 年 10 月～ 2009 年 1 月	江铜事件	信用利差迅速扩大，江铜债大跌
2009 年 7 月～ 2009 年 11 月	岳城建、宜城投	事件迅速解决，总体市场调整幅度不大
2011 年 6 月～ 2011 年 11 月	滇公路	信用利差不断扩大，总体上中枢明显抬升
2014～2015 年	超日债	违约实质性发生，打破刚兑，直接影响了民企和低评级国企，如中孚、中富等
2016 年 3 月～ 2016 年 4 月	亚邦、雨润、东特钢	信用风险蔓延到流动性风险，利率大幅上行
2018 年	盾安、中安消等	上市公司违约的密集发生，尤其之前评级一直稳定的盾安、华信等违约，部分城投债兑付问题等，市场选择用脚投票，AA 信用债流动性丧失，城投信仰被打破

二、信用分析及其意义

基金行业的信用分析与评价最早派生于银行对信用风险的管理，但是与银行信用风险管理相比，基金和投资领域的信用分析显得更加单一。二者差异主要体现在几个方面：

（1）银行信用风险管理包括了信用风险识别、信用风险计量、信用风险监测与报告、信用风险控制、信用风险资本计量等；而基金/券商的信用分析主要以信用风险识别、计量为主。

（2）标的差异决定了二者之间的根本性差异。银行有海量的客户数据和信息，通过数据挖掘和历史数据回溯可以对信用数字特征进行归因、判断等；基金/券商信用分析面对的是全市场公开发行的债券信息和相关数据，从数据量级和数据详尽程度上与银行不可同日而语。

（3）银行的信用风险计量直接与资本挂钩，因此信用等级和分类直接影响了银行资本充足率状况；对于基金/券商而言，信用等级的差异对持仓集中度、券商可用资本等方面的影响尽管有相关的监管依据，但是细化程度与银行也无法相比。

从 2006 年开始，以嘉实、南方为代表的大型基金公司开始配备专业的信用评级人员，主要来自信用评级机构和银行，当时全市场有信用评级经验的人员凤毛麟角，很多评级方法、理念都是在学习和借鉴国际评级机构。2009 年开始，随着信用债市场的扩容和国内评级机构业务的蓬勃发展，专业信用评级团队、信用评级人员素质均得到了快速的提升，直到今天，信用评级人员成为债券投资机构的必要配备，很多大型投资管理机构信用评级人员达到 20 多人，国内从事信用评级的人数也突破几千人。

对于基金投资而言，信用分析主要是买方信用分析，与卖方信用

分析虽然形式上类似，但是本质内涵有很大的差异。具体体现如表 4.15
所示：

表 4.15　买方与卖方分析的差异

	买方机构	信用评级机构	卖方分析
工作方式	对于信用债提出投资建议	项目制，按行业划分	信用债信息搜集、整理、比较、发表建议
工作内容	信用债评级、跟踪、定价、投资建议	企业信用状况描述，形成评级结论与报告	形成信用评级框架体系，提供一部分买方外包服务
工作特点	针对性强，评级直接与投资业绩、结果相关	对于企业能够得到一手资料、了解收入	专题性，侧重于市场总体性状况、分析方法论和行业比较

三、信用分析方法

信用分析方法与股票财务分析有一些相近之处，三张表的解读也是
必修课。债券信用分析主要有三个维度：一是行业层面的分析；二是企
业自身营运能力、未来支出等因素的分析；三是债务结构与相关条款分
析。

1. 行业信用分析

由于各个行业的属性各不相同，很难按照统一的财务指标标准和分
析范式进行比较，因此对不同的行业产生了相应的分析方法。目前市场
上发债较多、影响面也较大的主要行业包括房地产业、钢铁行业、城投
债等，如表 4.16、4.17、4.18 所示。

表 4.16 房地产行业评级要素指标

	一级指标	二级指标
定性指标	行业状况	行业政策（金融、行政、土地、税收等）
	企业资质	企业性质（民企／国企）
		企业规模
	经营状况	土地储备（储备面积、区域分布）
		在建项目（在建项目规模、区域分布）
定量指标	财务状况	存货周转率
		所有者权益、净利润
		净负债率
		销售毛利率
	偿债能力	短期偿债能力（速动比率、现金到期债务比）
		长期偿债能力（EBITDA 全部债务比）

表 4.17 钢铁行业评级要素指标

	一级指标	二级指标
定性指标	行业政策	产业政策
	市场结构	原材料稳定性
		产品结构多元化
	经营状况	营业总收入
		装备水平和节能环保
定量指标	财务状况	总资产回报率
		EBITDA／营业总收入
		总资本化比率
	偿债能力	总债务／EBITDA
		自由现金流／总债务
		EBITDA 利息保障倍数

城投债是一个具有中国特色的信用债分类，它不同于地方政府债，因为没有明确的政府担保，也不同于一般的企业信用，因为财务指标对于城投债的评价也几乎是失效的。城投债可以从发行主体、资金用途、

偿债资金来源三方面界定。发行主体是地方政府设立的城投公司，地方政府一般为全资控股股东，经营领域主要集中在城市基础建设、电力行业、交通投资、保障房等；资金用途限定于和地方政府公共职能有关的基础设施建设行业投资；偿债资金一般来自地方政府的财政补贴，自身盈利能力不高甚至为负。

对于城投债的评级和评价体系一直有很大的争议，通常认为行政级别、企业规模、企业从事业务的政府属性等是最关键的要素。随着2013 年地方债置换城投债和 2016 年开始财政部三令五申地方政府不得为城投债提供隐性背书开始，城投债逐渐向纯企业方向发展，城投债的评级也逐渐向一般企业评级靠拢。

表 4.18　城投债评级要素指标

	一级指标	二级指标
定性指标	地方政府	地方政府信用资质
	企业	区域经济实力
		发行企业资质
	担保增信	担保增信措施
定量指标	财务状况	总资产
		补贴收入规模
		资产收益率
	偿债能力	资产负债率
		短期偿债能力

城投债尽管出现过几次技术性违约或偿付压力，但是城投债信仰仍未打破。目前城投债从相对偏好和风险等级来看可分为几类：省级城投平台，发达地区地级市城投平台，中西部地级市城投平台，部分关注地区城投平台（如东北、贵州等），县级城投平台。前两种城投债相对息差已经很小，而第三、四、五种由于流动性因素仍有较高的息差优势和

票面吸引力。

2. 企业自身财务和资本支出分析

除了行业属性之外，企业自身的财务状况对评级也有显著的影响。部分行业中，二八特征非常明显，对于部分行业领先优势明显、市场占有率高的企业，其风险程度也会小于其他同行业的企业。

3. 债务结构和条款

债务结构和条款对债券偿还有非常直接的影响，按照债务保障程度从高到低可以分为以下几种情况：

（1）不动产抵质押物，一般为发行人的土地、房产、机器设备等，根据可变现能力的差异确定质押率。

（2）股票质押，在上市公司信用债发行中较为普遍，但是因为股票质押率较低、追保要求和压力比较大，2018 年开始，监管机构对于类似质押监管日渐严格。

（3）连带责任担保，一般由关联机构或者母公司提供担保，但是往往存在不同企业之间的互保，或有负债比重提高，因此保障程度一般。

（4）流动性保证措施，一般由母公司或者一些银行在授信范围内提供流动性支持，因为不是刚性承诺，因此具有不确定性。

（5）账户监管措施，资金募集账户和相关用途的监管措施，仅仅能够在一定程度上保障资金按照用途使用，而对于资金使用效率、产生收益、还款保证能力一般。

（6）纯信用，这类债券完全是基于发行人的信用发行，在发生违约的条件下清偿顺序在最后。2012 ~ 2015 年债券牛市期间，信用债收益率很低，大部分企业发行无担保的信用债券，目前由于融资难度增加，

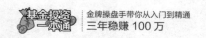
此类债券的占比在逐步下降。

一般的债券是按年付息、到期还本，但是随着市场的发展，逐渐增加了一些品种，主要有以下几类：

（1）分期还本。为了降低到期还本的一次性压力，这一类债券一般从第三年开始分期还本，主要是城投类债券。这类债券具有几个特点：一是由于分期还本，久期相对比较短，相对于到期还本的债券来说，类似的收益承担了较小的久期风险；二是发行人现金流压力相对平均，减少了一次性偿付的风险。

（2）回售条款。一般是 3+2 方式，有些发行比较困难的企业采用 2+1 的方式，3+2 结构中，在第 3 年末投资人享有回售权。这类债券的优势是上涨过程中享受长久期的收益，但是下跌过程中由于有回售权保护，比照短久期考量。对于保本基金来说，可回售债券期限比较匹配，收益高于 3 年期债券，受到了不少基金的青睐。回售条款往往出现在 AA 和 AA+ 的企业，希望发行长期债券，但是需要降低融资成本。

在收益率变动不大的情况下，一般到回售时点选择回售的投资者相对较少，但是受到违约因素影响，最近回售的债券比例不断上升。为了缓解回售压力，现在大部分类似债券设定了转售条款，如果遭遇利率大幅上行的情况，发行人可以将回售部分的债券转售给其他投资人，防止回售造成的巨大资金压力。

（3）赎回条款。这类债券占比较小，赎回权是发行人的权利，在特定的时点发行人有权赎回债券。一般出现在金融机构二级资本债、次级债或者相对强势的 AAA 发行人。资本债由于到期时利率调升幅度比较大，大部分机构会选择赎回。由于赎回权是发行人的权利，因此在定价过程中对于债券下跌没有太大的保护作用。

（4）永续债。永续债对期限条款的约定通常有两种：一种是未约定固定到期日，但约定发行人在赎回期内享有赎回选择权；另一种是约定明确的到期日，但发行人在到期日享有延期选择权。目前市场上以第一种为主。由于永续债可以计入权益，对于发行人有美化报表的作用，因此从 2015 年开始永续债的发行量不断增加。但是 2019 年 1 月，财政部发布了《永续债相关会计处理的规定》，"是否能无条件地避免交付现金或其他金融资产的合同义务"直接影响永续债计入权益还是金融负债。

📖 **案 例 4.2**　　　　　　　　　　　　　　　　　　　C A S E

吉林森工放弃赎回权

事件：2018 年 1 月，吉林森工对存续的 15 森工集 MTN001 进行利率重置并放弃行使赎回权，在第 4 ～ 6 计息年度票面利率调整为当期基准利率 + 初始利差 +300BP。

点评：上调之后，票面利率从 7.1% 提高到 10.6%，成为全市场第一个利率调升的永续债。由于企业主体评级下调到 A+，很难进行再融资，即使调整后利率飙升，企业也只能无奈接受。偿债能力弱，经营收入下降严重是企业评级下调的重要原因。公司负债率超过 85%，短期债务占比 80%。由于停止伐木对公司木材收入造成明显影响，2017 年净亏损 5 亿元。

四、信用债违约的预判与风险防范

从图 4.6 可以看出，2014 年以来，信用债违约主体的数量不断增加，从 2018 年开始，之前认为违约概率很低的上市公司也出现了多家违约的情形，如何对风险度较高的信用债券进行预警成为债券投资者关心的一个重要问题。

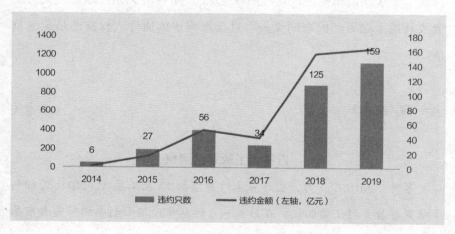

图 4.6　违约事件一览图

1. 行业属性

一般而言，周期性行业和过剩行业在经济面临压力的过程中所承受的压力最大，也往往最容易出现资金链断裂等情形。如 2014 ~ 2016 年，煤炭、钢铁、水泥、船舶等行业由于去产能和景气度迅速下行，导致违约数量显著增加，如图 4.7 所示。如东特钢、川煤炭、天威、中钢等企业，均是由于债台高筑、行业不景气，最终导致走向了违约。

2. 地域属性

债券违约多数是由于企业经营不善、债务杠杆过高等原因，而区域

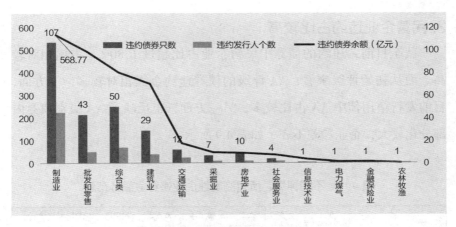

图 4.7　行业违约情况一览图

经济与违约率有密不可分的关系。因此，违约债券也呈现一定的地域特征，由于经济总量规模较大，债券发行量大，债券的违约余额居前的分别是北京、上海、辽宁，如图 4.8 所示。但是从违约率的角度来衡量，东北地区和西部地区的违约率占比较高。其中，宁夏发行人个数违约率超过了 10%。

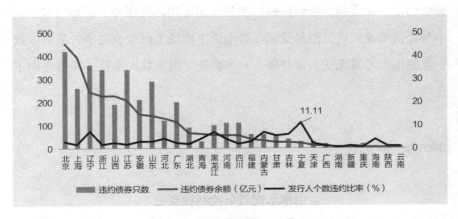

图 4.8　地域违约情况一览图

3. 民营企业违约占比较高

截至目前，违约的债券中民营企业占比超过了 80%，占比相对较高。而从初始评级来看，AA 评级的债券违约金额相对较多，一方面，目前发行信用债中 AA 占比较多，另一方面，也反映了 AA 级别债券内部分化较大，企业参差不齐（如表 4.9 所示）。

表 4.19　不同评级、所有制属性企业违约金额分布表

	A	A-	AA	AA-	AA+	AAA	BBB	BBB-	总计
地方国企			172.60	66.00	34.00	61.74			334.34
公众企业			99.41		94.00				193.41
民营企业	11.20	0.20	1304.45	131.61	1035.50	244.50	6.50	1.50	2735.46
外资企业			23.70						23.70
中外合资	2.53		17.57						20.10
中央国有			156.80		60.00	20.00			236.80
总计	13.73	0.20	1774.53	197.61	1223.50	326.24	6.50	1.50	3543.81

对于民企而言，除了经营风险之外，实际控制人的风险也显得尤为突出。实际控制人接受调查或违规涉案等，均可能成为压垮企业的最后一根稻草。如雨润、华通路桥、亚邦集团等均概莫能外。再如山水水泥本身经营情况尚可，但是受到在香港资本市场上的股权之争，最后导致企业的生产经营无法正常开展，利率高企、财务状况恶化，最终走向了违约。

📖 案　例 4.3 　　　　　　　　　　　　　　　C A S E

山水水泥股东控制权变更

事件：山水水泥是全国水泥十强企业，2014 年熟料产能 5000 万吨，在山东和辽宁具有很强的市场影响力。

（1）股权争斗

① 2008 年，上市前夕，职工股东以信托方式将山水投资股份交张氏信托和李氏信托，作为非固定信托，张才奎和李延民有自行决定权；

② 2011 年，在所有股东和李延民不知情情况下，全部股份转至张氏信托名下；

③ 2013 年 11 月，股东收到山水投资信托退出计划和股份回购计划，要求全部退股；

④ 2014 年 8 月，2095 名职工股东把张才奎起诉到香港高等法院，2015 年 5 月开庭审理；

⑤ 2017 年 5 月，香港法院同意 2095 名员工在山水投资的股份由第三方接管。

（2）港股风云

① 2014 年 10 月，山水水泥以每股 2.77 港元，向中国建材配售 5.631 亿股，使其成为第二大股东，持股比例 16.67%；

② 2014 年 12 月，亚洲水泥在二级市场以平均 3.58 港元买入股票，增持到 20.9%；

③ 天瑞集团用 62 亿港元，以每股 6.57 港元买入 9.51 亿股，持股 28.16% 成为第一大股东，并提请召开股东大会，罢免现有董事。

（3）破釜沉舟

① 2015 年 11 月 11 日，山水水泥公告，到期的境内债务逾期违约，向开曼群岛大法院提交公司清盘申请，股东完全不知情，11 月 23 日开曼群岛大法官撤销清盘申请；

② 2015 年 12 月，特别股东大会召开，董事会成员完成重大变更；

③ 2015 年 12 月 3 日，先锋水泥（山水水泥控股）对山东山水公司章程进行修改，对高管进行变更；

④ 2015 年 12 月 7 日开始，接管旗下工厂，但是张才奎等占据山东山水总部及下属 5 家工厂，扣留 50 多家水泥厂印鉴、账簿等。

（4）内斗不断

① 2016 年 6 月，山水水泥公告按照每股认购 4 股新公司股份募集资金 40 亿港币，偿付集团未偿还债务，遭到山水投资强烈反对而流产；

② 2016 年 9 月，以每股不低于 0.5 港元向不少于 6 名独立承配人配股 9.1 亿～9.5 亿新股份，也被山水投资反对；

③ 2016 年 12 月，宓敬田披露公司预计 2016 年利润不少于 10 亿元而被山水水泥免除职务，但是宓敬田拒绝接受这样安排；

④ 2017 年 3 月 30 日，山水水泥发布 2016 年报，净亏损 9.79 亿元；

⑤ 2017 年 4 月 8 日，山东山水出现武斗，大股东天瑞集团组织 600 多人，冲进山东山水总部，4 月 11 日香港高等法院取得禁制令而收场。

表 4.20　山水违约债券清单

简称	发行量（亿元）	利率	违约时点
15 山水 SCP001	20	5.3%	2015 年 11 月 12 日
15 山水 SCP002	8	4.5%	2016 年 2 月 14 日
14 山水 MTN001	10	6.1%	2017 年 2 月 27 日
14 山水 MTN002	12	6.2%	2017 年 5 月 12 日
13 山水 MTN001	18	5.44%	2016 年 1 月 31 日

数据来源：WIND

点评：

（1）民企实际控制人的变化对于企业经营和偿债会产生明显的影响，山水集团表面上是野蛮人入侵，导致企业经营秩序发生了变化，实际上反映了张才奎和原有山水股东因为控制权变更而偿债能力和意愿下降所致。

（2）在市场低迷的条件下，有很多 PB 低于 1 的股票，其中有部分会成为资本关注和追随代标的，尤其山水水泥控制权相对分散的结构，是导致其控制权最后丧失的重要原因。

（3）经营情况恶化。尽管有各种偶然情况的发生，但是资产负债率高、主营业务盈利下降、企业经营现金流无法偿付利息往往是违约企业的共同特点。如中钢集团违约前几年连续亏损、资产负债率也在 90% 以上；东特钢部分生产线生产不正常、负债率高等。

（4）过度扩张风险。有些企业往往由于习惯了高杠杆经营的套路，因此持续扩张，最终吞下了扩张失败的恶果。如富贵鸟从传统的鞋类生产销售，扩展到矿石开采、房地产投资、小额贷款等领域；中安消从 2015 年开始不断收购多个海外项目和公司，导致公司现金流情况不断恶化。

五、违约之后怎么办

对于债券投资而言，违约是一个不可规避的客观存在，因此如何看待违约显得尤为重要。一般来说应该关注以下几个方面。

1. 高收益债市场逐渐形成

2016 年开始，传统的信用债 + 杠杆策略受到了严峻的挑战，一方面资金成本不断抬升，非银机构在季末年关面前低等级信用债无法融资；另一方面信用债违约不断，信用息差没有再如之前一样收敛。信用定价和高收益债的出现对于债券市场的发展来说是一件好事，这意味着信用债分化并产生了真正意义上的信用甄别。

表 4.21　部分 20% 以上收益率信用债一览

代码	简称	收盘价	到期收益率
122267	13 永泰债	80.87	151.4%
122776	11 新光债	77.98	68.85%
136351	16 永泰 01	69.5	64.2%
122482	15 金茂债	45.9	51.74%
136439	16 永泰 02	79	37.6%
122406	15 新湖债	97	29.37%
112228	14 怡亚债	79.5	28.2%
112193	13 美邦 01	92.6	27.8%
112314	16 华南 01	89	26.74%
122159	12 亿利 02	6.89	21.07%

数据来源：WIND　数据截至 2018 年 6 月 11 日

并非所有的高收益债券最后都会违约，有些公司债通过发行人的斡旋和现金筹集能够一定程度上缓解压力并且建立市场信任，与投资人的互动、信息沟通也是妥善解决信用违约的重要方式。

案 例 4.4　　　　　　　　　　　　　　　　C A S E

新光债

事件：2018 年上半年，新光有多只债券涉及回售，公司短期流动性压力加大，二级市场上，公司债券价格出现大幅下跌，市场质疑声不绝于耳。

表 4.22　新光控股债券及到期情况

代码	简称	规模（亿元）	票面	到期日	类型
122776	11 新光债	16	8.1%	2018 年 11 月 23 日	到期
122483	15 新光 01	20	6.5%	2018 年 9 月 23 日	回售

续表

代码	简称	规模（亿元）	票面	到期日	类型
122492	15 新光 02	20	6.5%	2018 年 10 月 22 日	回售
118464	16 新光 01	7.1	7%	2018 年 1 月 14 日	回售
118564	16 新光 02	13.7	6.9%	2018 年 3 月 17 日	回售
135319	16 新控 01	2.6	7%	2018 年 3 月 21 日	回售
135390	16 新控 02	20	7%	2018 年 4 月 14 日	回售
135447	16 新控 03	16	7%	2018 年 4 月 27 日	回售
145062	16 新光债	20	6.2%	2017 年 10 月 19 日	回售
041775004	17 新光控股 CP001	10	6.8%	2018 年 9 月 22 日	到期
041775005	17 新光控股 CP002	10	6.8%	2018 年 10 月 27 日	到期

数据来源：WIND

公司债价格走势

受到市场担忧的影响，2018 年 1 月 15 日，122776（11 新光债）成交于 51 元，成交金额 54.5 万元，受到了市场的普遍关注。尽管截至 2018 年 6 月 25 日该债券收盘在 82.95 元，但是总体上成交非常清淡，并没有实际活跃成交，到期收益率也达到了 58%。

公司流动性危机之后

其一，2018 年 3 月，评级机构将债券评级提高到 AA+，评级机构认为虽然存在偿债压力，但是偿债来源相对稳定；

其二，2017 年 12 月出售浙江万厦房地产持有的部分股权，转让款 18.45 亿元；

其三，2018 年 5 月出售新光壹品项目权益 46%，兑价 18.24 亿元；

其四，针对 2019 年 4 月之前累计到期的 130 多亿元，公司出具了偿债计划，通过转让股权、子公司分红、实现基金类退出等方式，2018 年 6 月之前回收 65 亿元，9 月份之前收到分红 20 亿元。

点评：

第一，流动性应急预案的核心在于企业有足够可变现的资产和流动性应对能力，新光因为有一些地产项目和流动性较好的资产，所以基本能够应对危机。但是，盲目的非主业扩张带来的后果和教训也是深刻的。

第二，明确可预期的还款计划是民营企业真正能够应对债务压力的核心所在。

📄 **案　例 4.5**　　　　　　　　　　　　　　　　　　　C A S E

永泰能源

事件：

其一，2018 年 7 月 5 日，发行人发布《永泰能源股份有限公司2017 年度第四期短期融资券未按时足额偿付债务融资工具本息的公告》，公司构成实质违约，并触发了存续期内的债券"交叉保护条款"。虽然公司煤炭和电力等业务板块经营正常，但是公司融资环境急剧恶化，下一步债务偿还存在很大不确定性。

其二，2018 年 7 月 8 日，公司董事长王广西在媒体见面会称，公司在发展过程中没有管控好负债规模和负债率。截至 2018 年 3 月底，公司全部债务为 721.6 亿元，资产负债率为 72.95%。同时，由于银行抽贷也加重了企业的融资困难。

其三，公司准备出售集团板块下 5 家医院，进行 150 亿元资产处置，和银行签订战略合作协议，不抽贷，发行可交换公司债，并进行 240 亿元左右债转股。

其四，公司称，7、8 月到期量较大。准备 15 亿元等待市场反应。发了 10 亿元短融，想看一下市场反应以及原有投资人会不会继续支持，但结果表明原投资人支持的较少。为了解决 8 月份的问题，就破刚兑了。

其五，华晨方面的理解是，例如 1 亿元待偿付，先还 3000 万元，剩下 7000 万元希望原投资者继续支持。（期限）是否 1+1+1，下周要和投资者商量。

点评：

第一，资产规模迅速扩张，财务数据初现端倪。过去 5 年，公司资产规模增长了 150%，资产负债率居高不下，达到 85%，每年的财务费用从 11.8 亿元上升到 36 亿元。

表 4.23　新光控股部分财务指标

	2012 年 12 月 31 日	2013 年 12 月 31 日	2014 年 12 月 31 日	2015 年 12 月 31 日	2016 年 12 月 31 日	2017 年 12 月 31 日
资产负债率（%）	59.8	71.8	73.8	70.3	70.3	73.1
资产规模（亿元）	425.7	476.1	521.1	875.6	981.1	1,071.7
有息负债率（%）	75.0	84.0	83.2	83.1	83.9	84.7
财务费用（亿元）	11.8	14.1	22.9	28.9	33.2	36.1

数据来源：WIND

第二，一、二级市场价格倒挂，发行收益率低于二级市场收益率，市场交易已经体现了对于该公司的担忧。2018 年，永泰能源发行 CP，平均利率在 7% 左右，但是彼时二级市场利率已经远远超过了 10%。

表 4.24　永泰能源债券及到期情况

债券名称	债券类型	到期日	规模（亿元）	发行日期	发行利率
13 永泰债	公司债	2018 年 8 月 6 日	35.90	2013 年 8 月 6 日	6.8%
17 永泰能源 CP005	短期融资券（CP）	2018 年 8 月 25 日	10.00	2017 年 8 月 25 日	7.0%
17 永泰能源 CP006	短期融资券（CP）	2018 年 10 月 23 日	8.00	2017 年 10 月 23 日	6.78%

续表

债券名称	债券类型	到期日	规模（亿元）	发行日期	发行利率
17永泰能源CP007	短期融资券（CP）	2018年12月15日	10.00	2017年12月15日	7.0%
18永泰能源CP001	短期融资券（CP）	2019年1月22日	10.00	2018年1月22日	7.0%
18永泰能源CP002	短期融资券（CP）	2019年3月19日	10.00	2018年3月19日	7.0%
16永泰01	公司债	2019年3月30日	7.60	2016年3月30日	7.5%
18永泰能源CP003	短期融资券（CP）	2019年4月26日	10.00	2018年4月26日	7.0%
16永泰02	公司债	2019年5月19日	13.90	2016年5月19日	7.5%
18永泰能源CP004	短期融资券（CP）	2019年7月5日	0.00	2018年7月5日	发行失败
16永泰03	公司债	2019年7月7日	18.50	2016年7月7日	7.5%
17永泰01	非公开公司债券	2019年12月18日	3.00	2017年12月18日	7.5%
15永泰能源MTN001	中期票据	2020年10月22日	14.00	2015年10月22日	6.18%
17永泰能源MTN001	中期票据	2020年11月16日	10.00	2017年11月16日	7.5%
15永泰能源MTN002	中期票据	2020年11月27日	14.00	2015年11月27日	7.5%

数据来源：WIND

第三，公司股票质押比例很高，同时也面临着冻结的压力。持续扩大的财务杠杆和有限的现金流来源，导致公司借新还旧、持续滚动的模式走向了终结。华晨电力"试探性违约"的表述反映了企业本身还款意愿不强，希望通过减记债务方式减少压力的动机比较强烈。

表4.25　永泰能源及下属子公司股权质押情况

出质人	质押余量（万股）	占出质人持股比	占流通A股比	占A股合计比
永泰集团有限公司	402,409.70	99.92%	32.39%	32.39%
山东诺德资产管理有限公司	98,983.85	100.00%	7.97%	7.97%
南京汇恒投资有限公司	65,989.85	100.00%	5.31%	5.31%

续表

出质人	质押余量（万股）	占出质人持股比	占流通A股比	占A股合计比
西藏泰能股权投资管理公司	65,054.77	100.00%	5.24%	5.24%
襄垣县襄银投资合伙企业	57,979.19	93.32%	4.67%	4.67%

数据来源：WIND

2. 舆论效应带来的多米诺骨牌

债券圈有句俗语，有些企业不是经营不行倒闭的，而是资金链断裂被"说死的"。2015 年，盾安集团传闻出现债务危机，上海华信债务无法到期兑付，AA 和 AA+ 的信用债流动性显著下降。受影响的不仅仅是个别的公司，而是整个市场的中低评级债券。受此影响，2018 年 5 ~ 6月，AA+ 和 AA 债券净融资量为负，很多企业到期债务无法通过融资，进而加大了资金压力。

3. 持仓集中度与组合定位

债券投资过程中，应当关注组合定位，做到基本的投资者告知义务，防止由于信息不对称带来的纠纷。主要是要关注几点：

第一，债券不是绝对没有风险的，不同债券的风险程度也各不相同，投资者要明确了解并知晓投资标的可能存在的风险，对于低风险投资者推荐的产品应当只能投资于高评级债券和主权债券。

第二，2018 年上半年，有超过 20 只债券基金当年收益率为负，其中跌幅最大的基金下跌超过 20%，主要原因就是重仓投资于违约债券导致"踩雷"。一方面，我们应当宣传买者自负，投资者应当充分理解风险，并承担收益波动的风险；另一方面，我们更应该对债券基金的风险度和评级有明确的区分，防止为了追求增加 1% 的持有期收益，而出现"劣币逐良币"的情况。

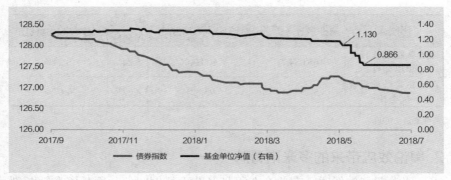

数据来源：WIND

图 4.9　某债券基金净值走势图

　　如果不做标注，没有人会知道这是一只债券基金的净值走势图，由于十大重仓中多只债券踩雷，导致这只曾经的明星债券基金在短短一个月内净值下跌了超过20%。这个例子虽然有些极端，但是也反映出债券型基金在"违约地雷"面前的无力，往往被认为低风险的债券基金反而成为风险相对较高的产品。

　　债券集中度与投资宽度的权衡。债券投资与股票投资的区别在于，银行间债券往往以"千万"为单位交易，对于部分规模较小的组合来说，单只债券所占的比例会相对较高。按照公募基金投资的要求，很多公募基金前5大债券的单只持仓比例都接近10%，有些由于组合被赎回的影响还会被动超过10%。

　　但是10%仓位的债券如果出现违约，叠加赎回的影响，组合收益会大幅下行，因此应当严格控制中低评级债券的个券比重。从审慎的角度而言，定期报告中应当披露不同信用评级债券的持仓比重，以便投资者更加了解信用结构与分布。

　　高收益债的定价与违约预期的衡量。国外有成熟的信用定价模型，国内经过十几年的积累，信用债违约率、违约损失率的计算也有了初步的数据，但是信用违约的定量计算是基于"大数原则"的，对于很多的中小债券基金来说，个券的违约对整个组合影响很大。如何进行合理定价？究竟 10% 合理还是 15% 合理？之前信用债定价的息差主要基于流动性的差异，随着资管新规出台，流动性仅仅是一个方面，信用资质与违约可能性影响越来越大，一旦违约，满盘皆输。因此信用债和利率债之间的息差不应当仅仅是 1% ~ 2% 的差异，应当逐渐拉大。对于 AA-的企业来说，信用债收益率到 30% 甚至 50% 也是有可能的。

4. 信用违约与处置

信用债质押物。之前由于市场需求旺盛，很多信用债完全没有抵质押物，信用债发行综合成本低、质押条件宽松、对于净资产比例要求也不高，受到了发行人的欢迎。但是恰恰是抵质押物缺失使得信用债持有人的合理权益无法得到保障。

法律处置程序与专业机构。由于债券持有人比较分散、持有机构众多，有些还涉及散户，因此在维权和诉讼过程中经常缺乏统一的组织。随着债券违约事件的频发，应当形成独立的中介机构，协助组织和完成违约债券的处置和跟踪；在债券估值、净值衡量等方面形成完善成熟的方法，防止过程中的套利和风险收益不对称情形。

六、信用债的定价

信用债的定价是通过收益率的方式体现的，这个与贷款类似。对于资质一般的借款人，贷款利率会上浮 30% 甚至更多，信用债也是如此，信用记录良好、现金流充沛的发行人，他们的信用债利率往往相对较

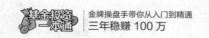

低。信用债定价需要关注几个方面的因素：

1. 参照系

中国石化和永泰能源显然信用资质差异很大，因此对于信用债定价需要选择评级相同、规模相近、条款类似的债券收益率进行参考，同时要参考在市场上的成交情况，如图4.10所示。

第一，评级信息包括了对于企业财务状况的考察、评级机构对于企业信用的总体判断。因此，评级决定了债券定价的中枢位置。AAA信用债的利率在4%～4.5%，而AA+的在4.5%～5.5%。需要关注的是，市场上AA评级区分度不高，良莠不齐，对于此类评级要具体细分（一方面是由于这一评级是很多机构准入的最低要求，所以评级机构在评级过程中对于有些勉强接近AA的企业采用就高不就低的原则；另一方面AA企业一般都在规模、财务等方面存在或多或少的瑕疵，对于这些瑕疵的理解和判别也因人而异）。中金等券商会对每个信用债提供"买方评级"，按照1～5的次序进行判断，每个级别又分为+、-等三个子评级。

第二，区域经济发展不平衡导致不同地区的经济环境差异较大，比如东北、云南等地曾经出现过接近违约的事件，财政实力一般，因此这些区域的城投债收益率往往比其他地区要高。

第三，尽管评级相同，但是不同行业的资产属性、负债率水平、现金流特征也有很大的差异。最典型的是贸易行业，营业收入高，但是毛利率低、应收应付款项占比较高，因此在经济波动过程中很容易受价格波动而导致亏损。

第四，所有制。国企和民企在信用定价中存在显著差异，一方面从2016年以来，违约的企业大部分为民企，而国企可能有一定的政府救助；另一方面，可投资国企债券的机构相对较多，市场流动性也略好一些。

　　第五，担保条款。目前，信用债的担保条款普遍弱于银行贷款。银行贷款一般有土地、厂房抵押或者第三方担保等增信措施，但是信用债大部分是纯信用发行，缺少抵质押措施。即使有抵质押，因为投资人比较分散，质押物的处置等也缺少统一的协调和安排，很容易导致悬空。

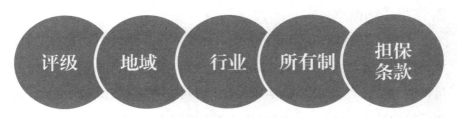

图 4.10　信用评级主要考察因素

　　第六，历史息差水平和相对定位。除了与类似企业比较之外，信用债的定价还可以参考历史上类似评级信用债与国债的利差水平确定，类似贷款的"上浮幅度"。从图 4.11 可以看出，2016 年之前，由于流动性

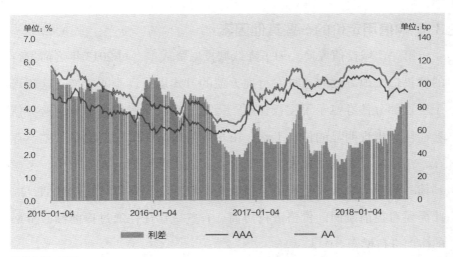

数据来源：WIND

图 4.11　AA、AAA 级别 3 年期信用债利差走势图

相对宽松，AA 的利差水平大部分在 200BP（2%）以内，但是随着信用违约、非银机构杠杆受限等因素的影响，2016 年之后信用利差大幅走阔，有些 AA 的信用债发行难度加大，AA 债券除了历史利差和曲线定价之外，个券定价差异显著加大，投资人与发行人的谈判能力也明显增强。

2. 信用违约概率

从 2002 年开始，国内商业银行开始推广内部评级法，建立内部评级模型，并在此基础上对贷款数据进行测算，形成了内部的信用违约定价模型，改变了之前人为影响较大、主观判断较多的贷款定价方式。信用债的发展时间较短，从 2007 年真正无抵押公司债发行至今，不到 12 年的实践，信用债数据、违约数据量不够大，但是已经有评级机构、券商机构对信用违约、信用迁移、违约损失等数据进行积累。相信，随着信用债市场的发展，信用债量化、科学定价一定会成为市场的主流和重要参考因素。

3. 影响信用定价的一些其他因素

第一，城投债置换。为了降低城投融资成本，对 2013 年之前发行的城投债，地方政府通过发行地方债的方式进行逐步的置换，这相当于对这部分债券赋予了主权评级。因此，在发布置换公告后，这类债券往往会出现明显的价格上涨；由于置换条款在原信用债条款中不存在，往往需要通过债权人大会的方式实现提前赎回，在牛市中，考虑到债券的净价显著高于面值，债权人一般不会同意进行提前赎回，因此需要对提前赎回的价格进行协商。有些机构往往通过提前赎回价格的协商进行博弈。

第二，回售条款。对于有回售条款的债券来说，回售相当于在回售时点上以面值卖给发行人，因此面值是回售时点的价格保护。因此，对于有回售权的债券，往往接近回售时点的时候会出现"止跌"的状况，投资人的回售权作为隐含期权，在熊市中有明显保护作用。

第三，新旧债券定价差异。同一发行人新发债券和存量债券之间由于市场环境差异、发行条款差异往往存在一定的定价偏差，如果定价差异超过一定幅度，有些投资人可以通过卖出老券、购买新券的方式实现组合收益的提升。

七、公募基金的信用债投资

公募基金信用债投资的历史较短，但是在过去 10 年中，基金组合投资信用债的依据、逻辑也发生了明显的变化，作为市场上重要的信用债参与力量，在定价、交易等方面也起到了重要的作用。

表 4.26　公募基金信用债投资沿革

时间段	信用债投资定位	代表基金
2007 ~ 2009 年	浅尝辄止，主要是短融和高等级信用债	富国添利、长盛全债、嘉实债券
2009 ~ 2011 年	开启杠杆时代，但是杠杆主要体现在封闭式债券基金	富国汇利
2011 ~ 2015 年	城投债、地产债占据了信用债半壁江山，基金收益和杠杆并重，出现了纯债分级基金，产品杠杆、投资杠杆并行发展	万家添利债券
2016 年至今	信用违约出现，信用甄别压力加大，基金投资重新回归"小清新"	广发增强债券

我们从表 4.27 可以看出，从持仓也可以看出信用债投资策略和风格的变化：2008 年，当年业绩领先的国泰金龙债券基金前 5 大重仓均

为利率债，组合久期达到 10，债券持仓占比为 101.25%。久期贡献远远大于信用息差的贡献。一方面，由于当时信用债剩余期限相对较短，进攻性不如利率债；另一方面，当时信用债主要都是 AAA，还没有出现信用定价的差异。2010 年，富国天丰的持仓很明显发生了变化，一是债券杠杆率显著提升，达到 160%；二是信用债占到了组合的大部分仓位，而且以地产、城投为主。

从领先基金的持仓变动，我们明显可以看到信用债信用等级变化。当然，2016、2017 年，由于收益主要来自权益类资产，因此信用债的杠杆率出现明显的下降。

表 4.27　代表基金信用债持仓及风格变化

2008 年 12 月 31 日	2010 年 12 月 31 日	2012 年 12 月 31 日	2015 年 12 月 31 日	2016 年 12 月 31 日	2017 年 12 月 31 日
国泰债券	富国天丰	万家添利	华商收益	华富 强化回报	易方达增强
08 国开 25	08 万科 G2	09 铁岭债	12 苏宁 01	16 联通 SCP005	三一转债
08 国开 08	09 富力债	11 沈国资	11 沪大众	14 武钢债	17 诚通控股 MTN002
08 进出 09	09 株城投	10 农发 16	11 南钢债	16 中信 G1	15 国开 23
08 国开 19	10 蚌埠债	重工转债	恒丰纸业	15 金发 MTN001	中国国航
08 国债 18	中行转债	11 冀渤海	13 魏桥 02	15 奥瑞金 MTN001	17 贵州高速 MTN001
101.2519	160.6087	91.3230	139.5947	95.1585	88.8004

数据来源：WIND

我们选取了过去十年历史的几只债券基金，能够明显感受到杠杆率的变化，在 2012 ~ 2013 年，债券基金的平均杠杆水平为相对最高。当然，不同基金的操作风格也有很大的差异，有些也与规模波动有一定的关系。我们可以看到，易方达稳健回报基金的平均杠杆率水平相对较低，而博时稳定债券的杠杆率水平一直保持在较高的位置上，如表 4.28 所示。这和基金经理的投资风格有一定的关系。

表 4.28 代表基金杠杆率水平变动

时间	嘉实债券	博时稳定	招商安泰	易方达稳健回报	华夏债券	平均
2008 年 12 月 31 日	106.52	111.39	88.30	121.00	117.98	109.04
2009 年 12 月 31 日	91.43	83.75	96.27	83.29	97.63	90.47
2010 年 12 月 31 日	86.53	80.71	114.23	83.38	93.96	91.76
2011 年 12 月 31 日	113.51	93.37	133.43	132.48	124.81	119.52
2012 年 12 月 31 日	125.20	148.62	154.39	134.76	128.41	138.28
2013 年 12 月 31 日	142.54	190.14	156.60	94.07	128.66	142.40
2014 年 12 月 31 日	136.15	112.26	140.19	101.40	139.86	125.97
2015 年 12 月 31 日	140.72	161.25	94.59	112.95	101.12	122.12
2016 年 12 月 31 日	82.32	106.77	128.77	92.75	111.95	104.51
2017 年 12 月 31 日	116.08	131.82	113.96	102.97	99.90	112.95

数据来源：WIND

信用债分析要点

▶ 信用债投资主要分为两种：高评级无脑买入、中低评级重仓持有。分散化购买中低评级债券的策略在很多情形下由于覆盖范围、跟踪频率、信用环境趋同等因素影响，并非一个有效的策略。"鸡蛋放在多个篮子里"在低评级信用债投资中要慎用。

▶ 信用债投资的显著特征在于流动性与利差水平，对于负债不稳定的组合，要尽量减少弱流动性债券投资比例。

▶ 债券基金的投资选择有两个方向：指数化、高评级。而对于中低评级信用债基金的选择要对持仓结构、投资风格、风控能力有严格细致的筛选。

第 4 节

利率债：波段之王

在投资过程中，利率债和信用债是截然不同
的两个品种。虽然都是"债券"，但是由于发
行人的信用资质迥异，二者的定价机制也不
尽相同。

一、什么是利率债

利率债是指包括财政部、政策性银行在内的类主权机构发行的债
券，具有一定的国家信用特征，一般而言，利率债的国际评级与国家
的主体评级基本相同。目前我国利率债包括国债、国开债、进出口行
债、农发债等。

二、利率债的定价

利率债定价考虑几个方面因素，中长期利率债和短期利率债的定
价影响因子有所差异：

（1）无风险利率水平，一般以 1 年期存款利率作为无风险利率，是
指投资者投资所承担的风险最小，几乎可以认为是无风险的投资工具

所提供的利率。目前的无风险利率水平大致在2%。由于利率债尽管违约风险非常低，但是仍然与无风险利率之间存在一定的差异。也有人把一年期国债利率作为无风险利率。

（2）资金价格与期限结构。市场资金价格上升，相应的中短期利率债收益率也会有所上行。用经济学的说法是"替代效应"，如果资金投资于无风险工具A可以获得收益率为3%，则只有B品种收益率高于3%的情形下才会投资于B。市场资金价格上升，A的收益率上升，则投资品B也需要相应提高收益率水平。

（3）通货膨胀率。资金价格影响短期债券，而通货膨胀率影响中长期债券。一般来说，在经济成长和繁荣期，由于经济快速扩张，通胀率上升，投资债券需要更高的收益率以弥补通货膨胀可能带来的损失，因此收益率会上行，债券价格会下跌。反之，经济衰退过程中，通货膨胀率下降，债券收益率也会下行。因此，债券投资通常会认为是"幸灾乐祸"，经济越不好，出于避险需求，债券收益率会越高。

（4）货币政策。上述三个因子都有可能成为货币政策的变量，宽松的货币政策往往伴随着降息、降准、市场流动性宽裕，进而带来短期债券收益率下行；但是如果宽松货币导致通胀率上升，长期债券价格会出现下跌。

三、期限结构与信用息差

长期债券和短期债券由于影响因素不同，因此利率变动走势也不完全一样。按照不同期限刻画的收益率曲线形态，我们称之为期限结构。不同时点的收益率曲线变动，我们称之为期限结构的变化，一般包括平

坦化上行 / 下行，陡峭化上行 / 下行和平行移动。

利率债和信用债之间的收益率差异我们称之为信用息差。企业债发行人按照信用评级的不同，信用利差也表现出很大的差异。一般而言，我们耳熟能详的 AAA 企业信用利差仅有 50 ~ 80bp（1bp=0.01%），而资质一般的信用债利差可能达到 200 ~ 300bp，更有甚者，对于接近违约的债券，收益率可能达到 20% 乃至 50% 以上。

四、利率债投资

利率债投资过程中最关注的几个指标包括：久期、凸性、期限结构、流动性（期间成交量）。

1. 久期是指债券每次票息和本金支付时间的加权平均。

第一，久期不等于债券剩余期限，是按照时间加权的。二者之间存在正相关关系，但是并非完全线性相关。剩余期限越长，久期越长，但是随着剩余期限的延长，久期变动的幅度会缩小。

第二，久期是一个数字概念，描述的是收益率曲线的斜率，久期的计算广泛应用于债券定价和债券交易过程中。久期是建立在收益率和债券价格之间的一条很重要的纽带。

第三，对于久期为 1 的债券，收益率上行 1bp（0.01%），债券价格下跌 0.01%；对于久期为 10 的债券，收益率上行 1bp，债券价格下跌 0.1%（即 0.01%×10）。

2. 凸性是久期的补充，描述的是收益率曲线弯曲的程度，是债券价格对收益率的二阶导数。

3. 期限结构。一般而言，期限结构存在历史中位数，我们默认为是常态条件下的利率水平；在不同的宏观经济背景下，期限结构也不尽相同，通过研究期限结构的变动方向和趋势，可以判断债券定价合理性和价格成因。

4. 流动性。每年财政部和政策性银行会公布发行计划，一般而言，新发的债券流动性较好，而次新或者老的债券由于市场存量有限、大部分存在于配置盘中，日交易量较少，因此收益率往往高于同等期限的新券，我们称之为流动性定价差异。对于不同品种、不同期限，流动性定价差异分化也比较明显，我们一般认为中长期债券流动性利差在5bp ~ 10bp 相对比较合理。

五、普通的利率债投资

1. 利率债大体的收益率水平

目前，1 年期国债收益率在 2.4% 左右，1 年期金融债收益率在2.6% ~ 2.8%，10 年期国债收益率为 3.2%，10 年期政策性金融债收益率为 3.6% ~ 3.8%。

2. 利率债交易策略

短期利率债是现金替代类工具，长期利率债可以作为交易性工具，在通胀率预期上行，或者经济预期进入衰退的条件下，可以通过满仓长久期利率债的方式获取波段收益。长久期利率债由于波动较大，买卖价差较小，也可以作为高频交易的选择。

3. 利率债投资工具

第一，国债期货，目前国债期货有 5 年期国债和 10 年期国债两个品种。国债期货是一个普通投资者较少接触到的投资品种，它具有杠杆比例高、现货联动性强、交易连续等特点，是非常好的波段操作的工具。但是由于杠杆比较高，所以下跌的时候也是波动很大的，需要严格的止损和回撤控制。

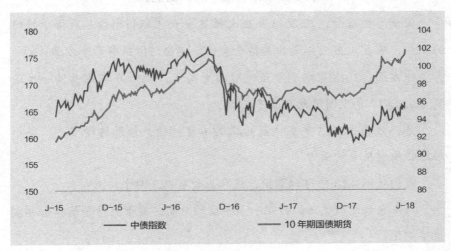

数据来源：WIND

图 4.12　中债指数与国债期货走势

第二，利率债指数基金 /ETF，目前场外金融债 / 国债指数基金较多，以广发、易方达为代表；场内债券基金交易不活跃。

第三，交易所国债 / 金融债，随着铁道债在交易所发行，交易所的类主权评级债券不断增加，部分品种交易活跃，流动性尚可。

第四，以投资利率债为特色的债券基金，以广发、华泰柏瑞为代表，这类基金与指数基金的区别在于，一是进行利率主动管理，积极参与利率债波段操作，不需要投资者具备专业的利率债知识和判断；二是产品特色鲜明，具有可识别性，避免由于产品特征不明确带来的信息不对称。

📖 案 例 4.6   C A S E

利率债牛市背景下的择时选择

某债券型基金，在 2013 年底大幅建仓长久期利率债，获得了较好的收益，从表 4.29 可以看出其持仓变化。建仓的依据有两个方面：

一方面，2013 年底利率债突破历史高点，2010 年期国开债一度达到 6%，2010 年期国债也超过了 4.7%；

另一方面，2013 年底钱荒的状况不可持续，如果持续下去，整个经济将承受巨大的压力。

我们从图 4.13 中可以看出，这只基金有以下两个特点：

（1）仓位变换灵活，短短一个季度的时间，前十大持仓债券全部发生了变化；

（2）仓位集中度高，利率债占比超过了组合的 50% 以上，2014 年 1 季度甚至前 5 大债券持仓超过了 100%；

（3）久期切换灵活，投资非常纯粹，能够很清晰地观察到基金经理的投资判断，做到了稳、准、狠。2013 年底，仓位以浮息债为主，兼顾收益和进攻性，主要判断是资金不会持续紧张，收益率下行是方向；2014 年 1 季报中，7 年以上利率债占比超过了 60%，组合全部切换成进攻模式。

表 4.29　某债券基金 2013 年利率债操作及持仓变动

2013 年年报				2014 年 1 季报			
简称	剩余期限	市值（亿元）	占比	简称	剩余期限	市值（亿元）	占比
10 国开 36	1.93	5929	11.40%	14 国开 03	6.79	16163	27.72%
13 国开 12	4.09	5898	11.30%	14 国开 05	9.81	17334	26.45%
09 中航工债浮	2.82	5061	9.73%	14 国开 01	2.79	14152	21.60%
13 国开 32	0.56	4068	9.55%	14 国开 02	4.79	13165	20.09%
13 国开 41	2.70	4965	9.54%	14 农发 09	6.89	9987	15.24%

数据来源：WIND

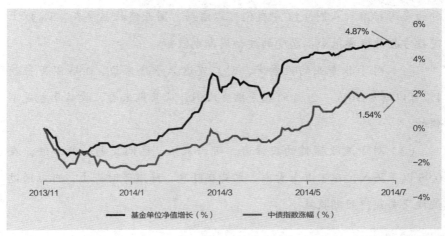

数据来源：WIND

图 4.13　某债券基金净值走势图

📖 **案　例 4.7**　　　　　　　　　　　　　　　　　　　　C A S E

指数基金及其投资要点

对于长期利率债基金来说，投资者更多的是要选择进入和退出的时点。进入和退出时点得当，投资者不仅能够获得利息收益，还能够获得波段操作的收益。但是缺点在于：一是指数投资是被动投资，投资时点完全取决于投资者的判断，对于投资者而言有较高的专业性要求；二是指数投资没有规避下跌的自动纠错机制，因此往往很多投资者通过投资FOF 间接参与利率债指数基金的投资，既不需要每天关注市场，也可以通过 FOF 投资经理选择合适的时点去参与利率债波段机会。

对于指数型债券基金来说，长久期指数基金波动性较大，可以通过一定净值条件下的基金定投选择，因为信用风险很小，该类基金在对应收益率达到一定位置的时候可以通过定投方式获取收益。

（1）如何判断定投的量与定投时点？定投时点一般以国开债收益率

作为参考标准。从图 4.14 中我们可以看到，国开债收益率在 4.5% 以上定投亏损的概率很小，忍受的波动周期也较短。

（2）对于非专业的投资者，对广发这只基金来说，0.95 以下每跌 1% 可以增加 10% ~ 20% 的基金投资比例，从长期来看，收益率也是不错的。

（3）对于波段操作的投资者，可以采用"区间交易"的方法，在 0.95 以下买入，在 1 以上卖出。尤其在降息、降准等时点上，可以通过波段交易获得短期收益。

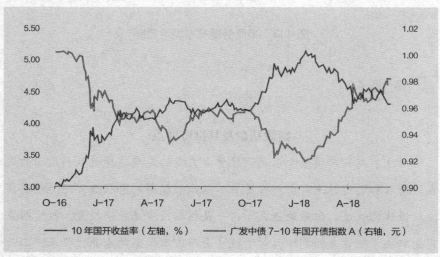

数据来源：WIND

图 4.14　国开债收益率与净值变动关系

案 例 4.8　CASE

保本基金的利率债投资

在保本新规出台之前，保本基金投资利率债对于风险资产的占用比例相对较低，因此有些保本基金通过长久期波段操作作为安全垫的基础。但是长久期利率债是双刃剑，从短期波动来看，有可能导致净值短期下跌跌破面值，从长期来看，介入时点决定了长期持有的获利概率。

（1）利率债波动很大，2013 年 3 ~ 4 季度，国开债 130240 价格从 100 元一路下跌到 93 元，下跌幅度接近 7%，其中从 2013 年 12 月 2 日收益率 5.53% 开始一路上行，2014 年 1 月 15 日收益率超过了 5.9%，创历史新高。日间波动也非常大，2013 年 12 月 10 日一天收益率就上行了 13bp，所有交易盘、撮合盘都埋在了半山腰，所有配置盘都失去了配置的动力。

（2）从短期来看，7% 的跌幅、1% 的单日波动，这更类似于一只股票。但是从长期来看，5.5% ~ 6% 的区间，对于主权评级的金融债来说具备非常好的投资价值。对于投资经理而言，买入长期投资还是规避短期波动，成为一个两难的选择。

其一，从左侧交易而言，5.5% 的国开债毫无疑问是可以投资的，甚至说 5.0% 的国开债都已经是历史高位，但是需要忍受波动，100bp 的上行可能会导致保本目标无法实现，客户和销售的压力也会非常大。因此左侧交易要注意"控制仓位"，仓位控制住了，可以有效降低回撤压力。

其二，从右侧交易而言，每一次下跌都要止损，要敢买更要敢卖。"买股票容易卖股票难"，对于长久期利率债来说也是如此。因此右侧交易要注意"速战速决"，只有严格执行交易纪律，才能够确保长期获利。

其三，无论左侧还是右侧交易，对于保本基金来说，风险预算是第一位的，只有明确了回撤幅度控制，才能够选择适合的交易策略，无论长久期利率债还是股票，都只是工具而已。

国债期货与债券现货的交易策略

国债期货的策略主要包括三类：期货／现货套利、跨期套利、期货投机。三种策略分别应用于不同的情景。目前，公募基金投资国债期货相对较少，而且主要是以套保交易为主，不允许有投机性期货仓位；而专户或其他资产管理计划，期货策略已经运用得比较完备，涉及国债期货的投资策略也日渐丰富。

（1）期货／现货套利

第一，正向套利，买入现券，卖空期货；

第二，反向套利，买断回购押券并卖出，买入期货看多。

（2）跨期套利，不同期限的国债期货之间存在基差变化，隐含的是市场利率水平和市场情绪的影响，可以根据基差的变动规律进行跨期限的操作。

（3）期货投机，根据对国债收益率的判断，买入／卖空期货交易，以获得交易收益。

利率债投资分析要点

▶ 利率债投资要低换手，看准了要下重手，下手后要买定离手。

▶ 利率债是波段操作的重要收益来源，但是频繁小仓位的利率债操作从历史来看是很难获得超额收益的。

▶ 利率债和期货的结合加大了利率债投资的波动性，同时对于完善利率债投资的策略也有很大帮助。

基金投资
一本通

第**5**章

基金的投资
策略：进攻性

CHAPTER 5

　　转债基金之所以在牛市的过程中不会搭错车，很重要的原因在于权益类资产的主动操作。

第1节

可转换债券：攻守兼备的绝佳品种

牛市在绝望中诞生，在犹豫中成长，在乐观中
成熟，在亢奋中死亡。

—— 邓普顿

表 5.1　基金操作类型

	纯债安全	转债进攻	固定股票仓位进攻	灵活配置
目标收益	3% ~ 5%	5% ~ 10%	5% ~ 10%	3% ~ 15%
风险资产比重	<10%	10% ~ 30%	20% 左右	0 ~ 40%

一、可转换债券、可分离交易可转换债券、可交换债券

可转换债券是债券持有人可按照发行时约定的价格将债券转换成公司的普通股票的债券。持有人可以根据约定，在转股期内将债券按约定价格转股，也可以持有到期获得相应的票息。

可转换债券本质上是股票买入期权和债券的结合体，在 2008 年之前，国内还发行过可分离交易可转换债券，即债券上市按照特定比例拆分为纯债券和期权，分别进行交易。上市公司获得一次发行两次融资的机会。

2013 年后，可交换债券（Exchangeable Bond，简称 EB）出现。可

交换债券是指上市公司股份的持有者通过抵押其持有的股票给托管机构而发行的公司债券，该债券持有人在特定时期内，可以按照约定条件用持有的债券换取发债人抵押的上市公司股权。

表 5.2　可转换债券、可分离交易可转换债券、可交换债券的比较

类别	发行特征	股本摊薄	融资特征
可转换债券	上市公司发行	摊薄	低成本融资
可分离交易可转换债券	上市公司发行	行权摊薄	二次融资
可交换债券	上市公司股东发行	不摊薄	股东减持与融资

转股溢价率，又称为平价溢价率，是指可转债市价相对于其转换后价值的溢价水平。转股溢价率越低，则可转债的股性就越强。比如转股价 10 元，股票市价 12 元，可转债价格 120 元，则转股溢价率 =（120/10-12）/12=0，转债和股票本身股值一致，其他条件不变情况下，如果可转债价格为 110 元，则转股溢价率 =（110/10-12）/12=-8.3%，意味着转股之后市价卖出可以赚 8.3%，具有套利的机会。

纯债溢价率，又称为底价溢价率，是指可转债市价相对于其纯债价值的溢价水平，纯债溢价率越低，则可转债的债性越强，债券保护越好。比如可转债价格 100 元，类似信用评级债券到期收益率 5%，剩余期限 1 年，则纯债溢价率 =（100-95）/95=5.26%。

可转换债券在市场下行过程中具有明显的债底保护特征，也正因为如此，成为很多低波动基金的首选。从图 5.1 可以看出，2008 年 4 季度，由于业绩大幅低于预期，柳工正股大幅下跌，股票几近腰斩，但是转债仍然保持相对稳定，转股溢价率显著攀升。而半年后，伴随着大盘的行情和 4 万亿元带来工程机械股的复苏，转债跟随正股大幅上涨。

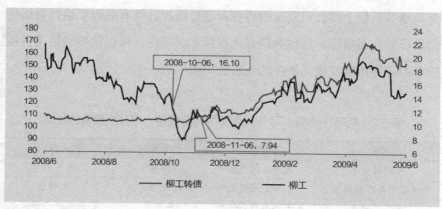

数据来源：WIND

图 5.1　柳工转债溢价率走势图

二、可转换债券的基本条款

转股价格，是指可转换债券转换为股票的约定价格，不低于可转债公告日前 20 个交易日的均价和前一日收盘价，发行人可以进行一定的上调。转股价的确定直接影响到转债转股对于公司总股本的摊薄比例，因此对于摊薄比例较高的公司，往往会很在意转股价的确定。

赎回条款，是指发行人在债券到期日之前赎回可转换债券的权利。如果公司的股票价格在若干个交易日内满足赎回条件，公司有权按照赎回价格赎回公司剩余的可转换债券。赎回价格一般是面值加一定的票息补偿，要远远小于转换价值，赎回条款设置的目的是实现强制性转股。

回售条款，是指债券持有人有权按照事前约定的价格将债券卖回给发债公司的条件规定。公司股票价格在一段时间内连续低于转股价格的一定比例时会触发回售条款，通常为转股价的 70%。一般而言，回售会导致发行人提前偿还转债本息，增加资金压力，因此发行人一般会通过修正转股价的方式避免回售情形的发生。在股票市场持续低迷或下行的条件下，回售条款对于债券持有人是一个保护。

修正条款，是指发行人在发行可转换债券后，由于公司送股、配股、增发股票、分立、合并、拆细及其他原因导致发行人股份发生变动，引起公司股票名义价格下降时而对转换价格所做的必要调整。

表 5.3　主要转债条款一览表

转债简称	赎回条款	赎回期限	赎回最大区间	回售条款	回售期限
圆通转债	130.0000	15	30	70.0000	30
山鹰转债	130.0000	15	30	70.0000	30
福能转债	130.0000	15	30	70.0000	30
海尔转债	120.0000	15	30	70.0000	30
佳都转债	130.0000	15	30	70.0000	30
中天转债	130.0000	15	30	70.0000	30
贵广转债	130.0000	15	30	70.0000	30
通威转债	130.0000	15	30	70.0000	30
伊力转债	130.0000	15	30	70.0000	30
亨通转债	130.0000	15	30	70.0000	30
现代转债	130.0000	15	30	70.0000	30
永鼎转债	130.0000	15	30	70.0000	30

三、可转换债券的投资策略

表 5.4　可转债投资策略

策略类型	策略特征	风险
持有到期	买入持有，赎回卖出	买入后价格波动
溢价率套利	负溢价条件下，买入转债，转股并卖出	溢价率不稳定 集中转股带来正股价格下跌
条款博弈	发行人修正转股价前买入，修正后卖出	修正不达预期或修正失败
趋势交易	根据正股走势进行交易	正股波动风险

四、可转换债券条款博弈

转股价格调整分为分红派息调整、主动修正、被动修正等几种，其中有些调整对于转股价值没有任何影响，转股比例不变，有些调整是被动触发，具体如表 5.5 所示：

表 5.5　可转债转股价调整的不同情形

调整类型	调整比例	对于转股价值影响
分红派息调整	根据分红派息等比例调整	无
配股增发调整	根据配股增发等比例调整	无
主动修正	发行人在规定范围内调整	提升转股价值
被动修正	调整到避免回售即可	溢价率仍然很高，转债价值提升不明显

📝 案　例 5.1　　　　　　　　　　　　　　　　C A S E

新钢转债修正（回售压力下的被动选择，受制于净资产）

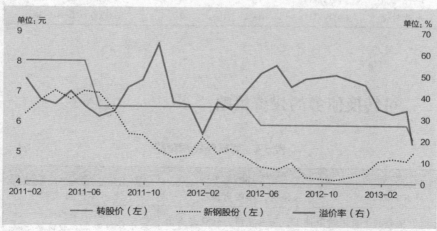

数据来源：WIND

图 5.2　新钢转债调整转股价情况

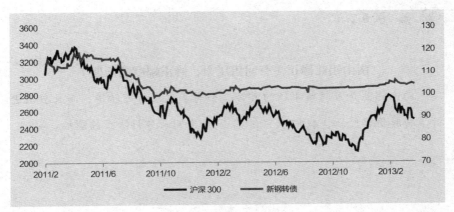

数据来源：WIND

图 5.3　新钢转债与大盘走势图

　　从图 5.2、5.3 可以看出，新钢转债是修正次数最多的转债之一，转股价从最初的 8 元左右一路下修到 5.41 元。即便如此，新钢转债最后还是到期回售，是为数不多的到期转股比例很低最后导致大部分回售的转债。到期兑付金额 27.57 亿元，占转债发行量的 99.91%。新钢转债没有顺利转股的原因有几个方面：

　　（1）转债下修速度跟不上正股下跌速度，每次下修之后溢价率仍然保持在 20% 以上，从 2011 年 2 月到 2013 年上半年，股票漫漫熊市的过程中，没有出现大的反弹机会使溢价率归零。

　　（2）公司净资产成为下修过程的最低边界，制约了公司最后的下修。如公司公告所述："公司 2012 年度股东大会召开前 20 日股票交易均价为 4.66 元 / 股，前一交易日的交易均价为 4.72 元 / 股，两者均小于最近一期经审计的每股净资产 5.40 元。公司董事会决定自 2013 年 5 月 8 日（含当日）起'新钢转债'转股价格由原来的 5.88 元 / 股调整为 5.41 元 / 股。"到最后到期前即使想一步修正到位，无奈受此约束无法修正。

📖 案 例 5.2   C A S E

南山铝业修正（有回售压力、修正幅度超预期）

南山铝业是可转债市场的常客，公司多次发行可转债，而且多次进行了转股价格修正，我们以 2009 年下修为例来分析修正的影响。

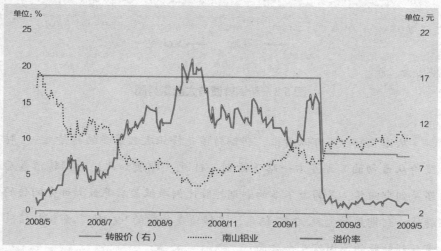

数据来源：WIND

图 5.4 南山转债调整股价情况

（1）南山转债和新钢转债发行都在 2008 年，但是南山转债在 2009 年 2 月份启动了向下修正，而且一步到位，转股价从 16.89 元修正到 8.42 元，摊薄比例几乎提高了一倍，从 11% 提高到 20%，如图 5.4 所示。

（2）从图 5.5 中我们可以看到，2008 年 11 月，受到债券信用担忧的影响，南山转债在 90 元左右并没有稳住，而是一度下探到 85 元以下，到期收益率也提高到 5% 以上。这在 2010 年之前是极为罕见的。（当然，从 2013 年开始，当债券信用违约不断发生之后，转债的信用定价也越来越大，有些转债到期收益率 4% 之后仍在下跌。这种情况下，不是期

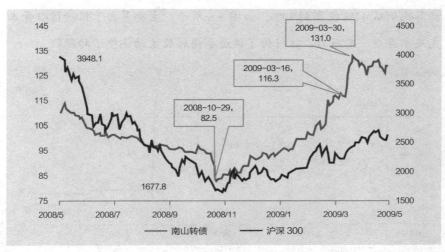

数据来源：WIND

图 5.5　南山转债与大盘走势图

权没有价值，而是信用风险溢价不断抬升所致。）

（3）转债拟修正公告发布和转债确定修正之后，转债价格出现了
两次超越大盘的跳升，从 100 元上涨到 110 元乃至 120 元。转债发布拟
投票修正的公告后，市场上有两种看法，一种是上市公司不会一次修正
到位，一方面是摊薄比例比较高，另一方面是上市公司只是为了避免强
制回售所进行的无奈之举。另一种是上市公司会一步到位。从转债走势
看，显然第一种看法的人占大多数，因此在转债修正结果出来之前并没
有出现大幅上涨。

📝 案 例 5.3　　　　　　　　　　　　　　　　　C A S E

江银转债修正

江银转债是少数没有回售压力，主动修正转股价格的案例，修正后

摊薄比例从 11% 提高到 14%，如图 5.6 所示。主要是由于银行核心资本充足率存在一定压力，银行为了促进尽快转股主动调整了转股价。

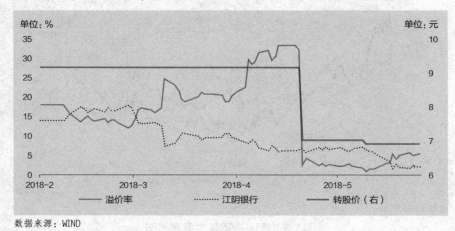

数据来源：WIND

图 5.6　江银转债转股价调整

五、可转债基金

可转债基金是一种特殊类型的债券基金，这类基金要求资产 80%以上投资于可转换债券。对于没有可转债投资经验的人来说，投资可转债基金是一个可以考虑的选择。

可转换债券基金目前合计规模 61.2 亿元，但是仅兴业可转债规模占比接近 50%，只有 7 只基金规模超过 2 亿元。可转债基金属于小众群体。

表 5.6　可转债基金净值表现走势

类型	2013 年 12 月 31 日	2014 年 12 月 31 日	2015 年 12 月 31 日	2016 年 12 月 31 日	2017 年 12 月 31 日	规模（万元）
中海可转债		56.55	−12.32	−23.08	−5.31	6610.37
天治可转债		38.28	8.24	−18.89	−3.28	12144.62
鹏华可转债				−13.64	2.39	5784.09

续表

类型	2013 年 12 月 31 日	2014 年 12 月 31 日	2015 年 12 月 31 日	2016 年 12 月 31 日	2017 年 12 月 31 日	规模 （万元）
前海开源可转债			−17.30	−13.11	10.24	6398.24
华夏可转债					1.73	5527.16
工银可转债					0.60	25545.08
长盛可转债					1.63	5367.03
中欧可转债						23168.86
国泰可转债						12128.51
华商可转债						26394.57
华富可转债						10319.53
华安可转债	−11.68	78.14	−3.62	−25.78	−3.00	16686.92
大成可转债	−4.15	79.80	−16.86	−21.77	−0.44	3728.95
富国可转债	−10.36	80.00	12.15	−12.12	10.22	20567.56
融通可转债		63.61	−28.54	−11.80	−2.58	7829.44
招商可转债			−12.01	−8.43	−8.58	2766.73
东吴中证可转债			−39.65	−13.91	−3.86	1112.31
华宝可转债	2.73	62.96	−26.22	−16.82	−6.59	3933.23
申万菱信可转债	3.43	78.75	−4.10	−18.66	−1.07	4691.40
兴全可转债	9.84	53.29	6.70	0.93	7.62	295423.50
汇添富可转转债	−1.41	82.23	−14.43	−9.99	11.26	29463.06
长信可转债	1.56	95.11	26.36	−11.95	1.25	86291.38

数据来源：WIND

　　从表 5.6 可以看出，除了 2014 年银行转债飙升带来净值大幅增长之外，其他年份可转债基金业绩表现并不理想，只有兴全可转债基金每年实现正收益。在 2017 年，可转债基金的业绩分化非常显著，业绩最好的收益 11.26%，但是业绩最差基金收益为 −8.58%。业绩分化的原因何在呢？

　　我们比较了两只基金的年末持仓结构，发现收益差异主要来自持仓转债净值变动情况。基金 A 三大重仓转债合计占比 45%，其中电气转债跌幅达到 13.7%，基金 B 尽管也有辉丰、洪涛等跌幅超过 10% 的转债，但是第一重仓的国资 EB 净值增长 17%，为组合贡献了 3% 的收益，如表 5.7 所示。

表 5.7　不同转债基金的持仓比较（单位：%）

基金 A	持仓占比	净值增长	基金 B	持仓占比	净值增长
广汽转债	19.09	0.4	15 国资 EB	24.1	17.1
电气转债	15.30	−13.7	17 国债 03	5.6	−0.1
国贸转债	10.22	0.8	金禾转债	5.2	−1.2
雨虹转债	8.69	−5.0	生益转债	4.4	8.3
格力转债	8.28	−7.5	航信转债	4.3	−8.4
三一转债	6.53	9.7	辉丰转债	3.6	−12.5
航信转债	6.11	−8.4	洪涛转债	2.7	−18.2
光大嘉宝	4.42		光大转债	2.5	1.3
招商银行	3.57		美的集团	2.2	
顺昌转债	0.87	−1.3	中国平安	2.0	
合计		−2.9	合计		3.1

数据来源：WIND

因此，尽管都叫做可转债基金，但是选债能力对于组合收益的影响非常大，选择可转债基金需要遵循以下几个原则：

（1）短线交易选择进攻性强的转债基金，长线持有选择债底保护较好的转债基金。二者区分的依据来自净值波动或与转债正股指数的相关性。另一种方法是按照持仓转债的到期收益率来看结构，一般到期收益率高的组合，债底保护较好。

当然，持有目标明确之后不能够飘移，或者在飘移的时候一定要明确原因。如果短线持有，由于下跌造成长期套牢，然后割肉斩仓，这就违背了短线持有的原则；相反，如果选择了债底保护好的转债基金，在上涨的时候对涨得慢的进行换仓，这也是违背购买的初衷的。

（2）基金经理的从业经验和历史业绩。一般转债基金经理对于股票有一定的研究，要根据其从业经历、历史业绩、持仓变化情况和调仓准确率等因素来进行衡量。更为重要的是，要有组合管理的逻辑一致性，防止投资本身的无序变化。

（3）还有一种方法是把转债基金分为指数型转债基金和主动管理型转债基金。指数型转债基金由于受大盘转债影响较大，往往走势与大盘转债类似；主动管理型债券基金往往结构特色比较鲜明，如某可转债基金，看好 15 国资 EB 并持仓 24%，这本身就偏离了该基金的指数占比。

不同基金之间由于主动管理风格的差异，业绩也会出现显著的差异。我们以 2017 年 6 月至 2018 年 10 月这一期间的净值表现可以看出，基金 A 净值下跌 11.5%，而基金 B 净值上涨 1.95%，出现显著分化，如图 5.7 所示。

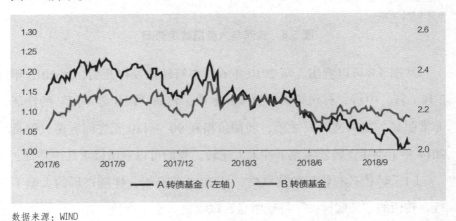

数据来源：WIND

图 5.7　转债基金走势比较

六、可转换债券投资案例

1. 持有到期

在趋势性行情中，可转债往往体现同涨同跌，一波大的趋势过后，往往出现可转债的集中触发赎回。因此，一级市场发行时买入，持有到赎回成为比较简单的"懒人策略"。

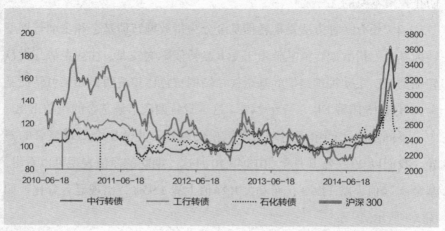

数据来源：WIND

图 5.8　转债与大盘指数走势图

从图 5.8 可以看出，从 2010 年 6 月中行转债发行开始，到 2015 年 2 月工行、中行、石化转债相继赎回退市，转债"四年等一回"的特征非常明显。2014 年 7 月之前，转债价格在 90～110 元之间震荡，但是 2014 年下半年，转债实现了冲天大逆转。我们可以看出以下几个特征：

（1）转债具有较好的抗跌性，从 2010 年开始，伴随市场的大幅下行，转债的"债底保护"特征明显，跌幅显著小于指数。

（2）转债的长期配置时机在 100 元左右较为明显，三大转债跌破 100 元之后跌幅显著收窄，从长期来看，不考虑信用风险，面值附近的转债是相对安全的。

（3）持有到期策略由于换手率低，规避了波动过程中来回"打脸"的情况，从 4 年多的持有回报来看，转债的复合回报率较高。

对于"持有到期"策略来说，卖出时点是影响策略效果的最重要因素，一般我们以上市公司发布赎回公告为策略卖出的关注点，在发布赎回公告之后进行卖出。

2. 波段交易

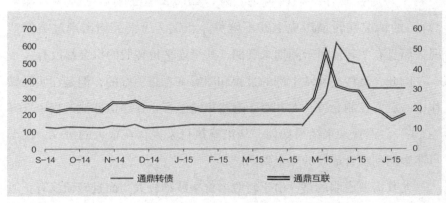

数据来源：WIND

图 5.9 通鼎转债与正股走势对比图

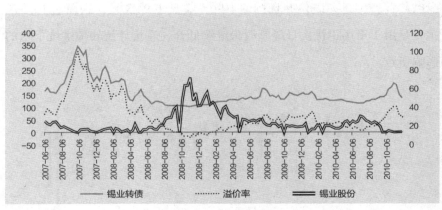

数据来源：WIND

图 5.10 锡业转债与正股走势对比图

通鼎转债是存续时间最短的转债之一，从发行上市到退市仅仅用了一年左右的时间，转债也出现了超过 600 元的超高价位，在 600 元附近大幅震荡，日内波动超过 10%，也体现了高价转债保护性较弱，波动甚至超过了正股波动的特征，如图 5.9 所示。

锡业转债是在 2012 年之前出现最高价的转债之一，曾经到 400 元左右，之后在其存续期内再难企及，如图 5.10 所示。这种买入即被"埋"的情况在转债历史上并不鲜见，新钢、唐钢等均出现过类似情况，而且有些转债由于到期未赎回，甚至连平价转股的机会都没有。

因此，波段交易从上涨的过程和图形来看是美好的，但是在实际操作中一定要控制仓位，尤其对于避险策略组合，在净值回撤过程中选择"扛着"，不管未来结果如何，从策略执行来说存在很大的争议，甚至可能影响到组合最终的安全到期。

尤其需要说明的是，由于转股溢价率波动较大，而且转债没有正股 10% 的涨跌幅限制，某些情况下，转债的日内波动甚至超过了正股。如图 5.11，2018 年 6 月 4 日，受到新能源政策的影响，隆基股份正股开盘跌停，转债迅速破位并且持续下跌，收盘于 94.8 元，跌幅达 15.2%。主要是由于市场担忧次日隆基股份继续低开，直接导致转债继续下杀的影响所致。

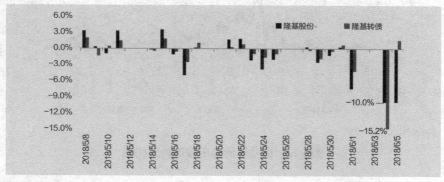

数据来源：WIND

图 5.11　隆基转债下跌走势图

大股东参与配售对于转债而言也有利于其转股价定价及二级市场表现，一方面大股东参与配售，如果转股对于正股摊薄相对有限，转股价从高定价的概率较小；另一方面，大股东作为财务投资者进行一二级套利，通过二级市场卖出获取一定收益。最近 5 年，大股东参与配售的比例不断提高，尤其是大盘转债，大股东配售比例很多都超过了 50%。

转债上市之后的表现主要与股票走势有关，但是我们注意到，股东配售比例较高的转债上市后 3 个月的走势还是相对强于股东配售比例低的转债。当然，这种特征不甚明显，主要在于即便股东有动力，但是市场走势并不一定能如同预期。2018 年以来，转债上市普遍出现了破发，很多转债一路下行，从而导致有些股东深套其中。而 2019 年随着股市大幅上涨，新上市转债几乎没有下跌的成为市场无风险套利的追逐对象，如图 5.12 所示。

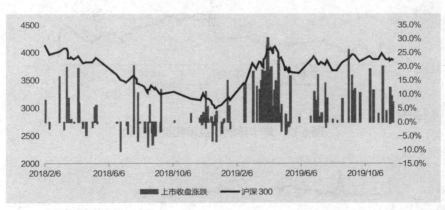

数据来源：WIND

图 5.12　新上市转债走势图

3. 纯债交易

纯债交易策略是比持有到期更为保守的一种策略，只有转债到期收益率接近同期限债券收益率的时候再行买入，从历史上来看，在股债双杀的背景下，很多转债跌到面值以下甚至 80 元左右。对于这类策略，有几个关注点：

（1）信用风险甄别，随着转债市场的扩容，转债供给量不断增加，有些 AA– 的企业也发行了可转债，这部分转债需要给予一部分信用溢价。

4 月 20 日，生态环境部通报，辉丰股份长期利用雨天偷排高浓度有毒有害废水，非法处置、违规转移、储存危险废物，环境污染行为曝光。2018 年 6 月 5 日，公安机关对辉丰生物农业以"单位涉嫌环境污染罪"进行立案侦查。信息披露后，转债价格暴跌，到期收益率持续上行，已经达到 9%，创转债历史上新高，如图 5.13 所示。

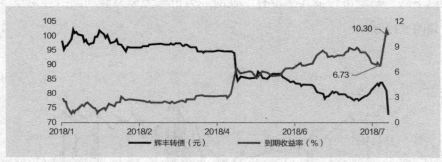

数据来源：WIND

图 5.13　辉丰转债收益率和价格变动

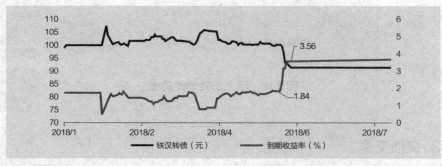

数据来源：WIND

图 5.14　铁汉转债收益率和价格变动

除辉丰转债个案之外，铁汉生态由于资金链断裂传闻导致正股大幅下跌，如图 5.14 所示。因此，在转债纯债选择过程中需要规避现金流一般、公司财务杠杆较高、短期负债压力较大的公司。

除了出现重大风险事件的公司之外，在市场下跌过程中，AA– 转债也存在跌跌不休，到期收益率持续上行的状况。因此，对于 AA– 转债到期收益率合理位置在多少，需要对于公司基本面进行深入研究。

利欧和岩土转债在下跌过程中出现了明显超跌，到期收益率超过 5%，一方面由于转债新上市不久，市场浮筹较多，另一方面，由于很多机构无法进行 AA– 债券投资所致。

（2）持有周期，转债接近纯债价值，往往是由于转股溢价率过高，期权价值很低，一般转股溢价率都在 50% 以上。在这种情况下，价格波动更多呈现的是债券特征，而股票特征显著弱化。

（3）纯债交易策略的卖出时点有两种，一是修正博弈条件下，修正预期兑现后卖出。由于转股溢价率过高，有些转债面临回售压力，因此发行人会选择通过修正规避回售风险。修正之后转股溢价率下降，期权价值上升，对应的转债价格也会出现明显上涨。二是与持有到期策略一样，触发赎回时卖出。

因此，严格来说，纯债交易策略适用环境和条件有限，而且在买入之后更接近"持有到期策略"。

4. 转股套利

在转股期内，由于正股波动加大，部分转债会出现负溢价的状况，转债转股卖出之后存在一定的套利空间。这种策略一般分为两种情况：

（1）接近转股期的负溢价收敛。在未进入转股期时，转债负溢价出现的概率较高，由于无法行使转股权利，转债价值有可能会低于正股价格，隐含了对于正股价格波动的预期。

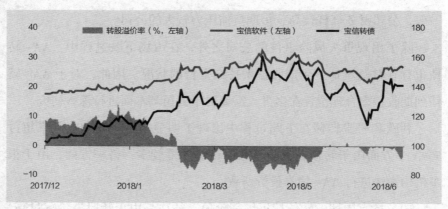

数据来源：WIND

图 5.15　宝信转债溢价率走势图

从图 5.15 可以看出，宝信软件上市价格在 100 元左右，溢价率水平接近 10%，溢价率变动经过三个阶段：

第一，随着正股上涨，宝信转债溢价率水平迅速收敛；

第二，到转债上涨到 130 之后，由于未进入转股期，转债溢价率持续为负，最高达到 –10%；

第三，随着转股期临近（2018 年 5 月 23 日），溢价率逐渐收敛，向 0 靠近。

（2）进入赎回期之后转债负溢价。进入赎回期之后，尤其最后几个交易日，转债时常会出现明显的负溢价状况，一是由于被动赎回会导致较大的损失，转债买盘的积极性显著下降；二是负溢价出现后，转股进度会加速。

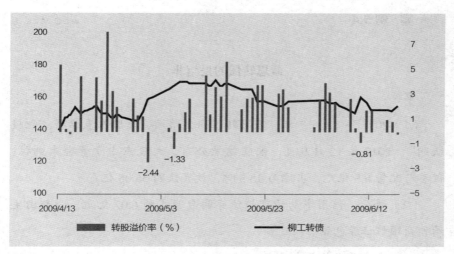

数据来源：WIND

图 5.16　柳工转债溢价率走势图

负溢价操作策略需要关注几点：

第一，负溢价的幅度，由于转债转股当日无法立刻卖出，因此，负溢价幅度较小，次日正股开盘涨跌幅会对策略的执行效果形成显著影响，一般来说，3% 以内的负溢价情形保护性较弱，操作过程中要慎重。

第二，平行仓位调整，有些基金本身需要持有一定的转股仓位，或者转债转股后允许持有一定的时间，比如 60 ~ 90 天，对于基金经理来说可以用现有的股票仓位和转债仓位进行平行对冲，锁定负溢价收益。但是，正股仓位的价格波动仍然是必须承受的风险。

第三，负溢价一般出现在 130 元以上的高价转债，因为债底保护性较弱，转债流动性较差，因此需要一定的负溢价对投资者形成一定的保护。

📖 **案 例 5.4**   C A S E

蓝思转债的是与非

事件：

（1）2017 年 12 月 7 日，蓝思转债网上路演，大股东表示将"积极认购"。2017 年 12 月 9 日，配售结果公布，大股东由于资金未到位，仅参与配售 6.5 亿元，占比为 13.54%，放弃认购 36.08 亿元。

（2）随后，信用申购的可转债弃购金额达到 6.07 亿元，全部由主承销商国信证券包销。

（3）上市首日收于 95.7 元。

（4）2018 年 4 月 23 日，公司回购注销股票 16.15 万股，公告日 45 日内，债权人有权要求提前清偿债务或提供相应担保。

（5）2018 年 6 月 8 日，公司公告拟下修转股价。

（6）2018 年 6 月 26 日，临时股东大会没有通过下修议案，下修未果。

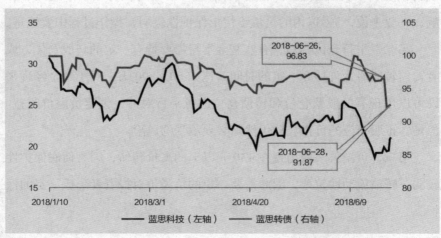

数据来源：WIND

图 5.17 蓝思转债 / 正股走势图

点评：

（1）大股东参与配售为获利无可厚非，在无利可图的情况下大股东放弃配售也情有可原。但是沟通过程中造成的市场误读，乃至主承销商大额包销都反映了所有参与方在事前并没有准确的估计和预盘。

（2）一般大股东如果有意图修正转股价，股东大会基本上应该能够通过，蓝思转债未通过的情形非常罕见。下修预案后次日（6 月 11 日），蓝思转债价格最高上涨至 101 元左右，如果按照最大幅度下修，其平价应达到 99 元左右。

（3）修正未通过，究竟与阻止债权人要求提前清偿有关，还是大股东无意为之，这成为一个谜。

（4）因此，在博弈过程中，充分了解并且准确判断上市公司意图显得尤为重要。

可转债投资要点小结

▶ 高评级可转债是最简单的懒人投资方法。

▶ 转债投资和股票投资应当有明确的分工，高价位转债投资股票化对于净值的波动和影响比较大，应当慎重选择。

▶ 转债投资需要降低转债覆盖范围，提高持债集中度，持续跟踪正股的资质和经营特征。

▶ 条款博弈要充分考虑市场环境、机构行为等多重因素，切莫因小失大。

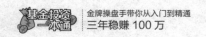

第 2 节
股票投资

满地都是六便士，但是他却抬头看到了月光。

——毛姆

在《月亮与六便士》中，这句话非常有名，在股票投资过程中，到处都是利益，能够在短期利益面前看到未来的"月光"，看到追逐的方向，这是我们每个人都希望做到的。但是真正能够做到这一点非常困难。

国内散户数量超过 1 亿户，股票投资也是大家经常关注的，但是绝大多数散户还是以听消息、看图形、盯盘面作为股票投资的三大法宝。我们接触的很多客户见面第一句话就是，能不能推荐一只股票，有什么消息没有。这一方面反映了国内市场的特性，很多时候由于信息的不对称和信息扩散速度的差异，对于股票投资形成了很大的影响。很典型的例子是 2017 年雄安概念股的炒作，相关新闻在 2 月份曾经有过报道，不过很少有人关注到，但是有嗅觉灵敏的投资者提前布局，捕捉到了背后的投资机会。

笔者认为，消息不应当作为股票投资的依据，一是消息难辨真伪，经常在市场上涨过程中消息满天飞，有真有假，或者说消息的真假是通过最后的涨幅判断的；二是消息本身影响程度和时间的局限性，我们观察发现，通过捕捉消息进行的交易从长期而言是得失参半，总体并无法贡献超额收益。

在我们投资过程中，股票投资还是遵循宏观－中观－微观三个层面，同时辅以行为金融的一些思考和想法，关注市场资金的博弈。

一、持有还是交易

我们注意到一个数据，如果一直持有万科或者茅台，过去 10 年的复合年化回报率超过了 10%，远远超过了指数涨跌，于是有人质疑，为什么购买基金还不如购买一只蓝筹股？是不是可以只投资于一只股票？

表 5.8 反映了万科、贵州茅台过去几年的走势，贵州茅台除 2014 年之外，其他年份均涨幅超过 20%；而创业板昔日明星特锐德则恰恰相反，除了 2014 ~ 2015 年之外，其他年份收益为负。虽然无论持有哪只股票，收益率都远远超过了指数，而且即使持有指数本身，年化收益也超过了 9%。那么问题在于：

1. 能否忍受短期的波动，如果一年下跌 10% ~ 20%，是会选择减仓还是继续持有。

2. 是否能够在相对低点买入股票？从成交量来看，往往是价格高位情况下成交量大，而价格低位时候恐慌情绪严重，成交量小。

3. 在别的股票都在上涨的时候，自己持仓的股票大幅下跌，能否承受巨大的反差？

这是几个看似简单的问题，但是在实际操作中我们发现投资者的行为往往是相反的。最近两年食品饮料涨幅明显，如果剔除这两年，其实收益率并不比市场好。

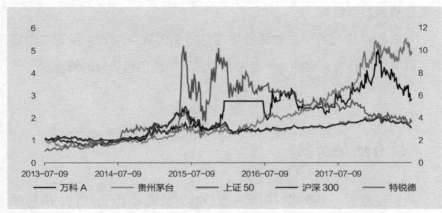

数据来源：WIND

图 5.18　部分股票与指数走势图

表 5.8　部分股票与指数涨跌幅

	万科 A	贵州茅台	特锐德	上证 50	沪深 300
5 年涨跌幅	182.3%	394.8%	262.0%	59.6%	55.6%
年化回报率	23.1%	37.7%	29.3%	9.8%	9.2%
2018 年 7 月	−25.3%	3.8%	−14.5%	−16.0%	−16.5%
2017 年 12 月	56.3%	111.9%	−20.9%	25.1%	21.8%
2016 年 12 月	−12.4%	56.5%	−40.2%	−5.5%	−11.3%
2015 年 12 月	81.7%	28.8%	243.8%	−6.2%	5.6%
2014 年 12 月	82.6%	66.9%	63.5%	63.9%	51.7%
2013 年 12 月	−19.4%	−36.6%	120.4%	−15.2%	−7.6%

数据来源：WIND

　　因此，我们认为买入单只股票并长期持有是一种有效的策略，但是需要明确的是投资者能够忍受长期的波动，对于股票基本面有清晰的认识，在出现阶段性低于预期和市场风格切换过程中，相对低位的价格不会导致止损甚至能够加仓。而对于短期资金和频繁交易的资金，这种看上去很美的策略实际操作是非常困难的。

　　另外有个极端的例子是亚马逊，在 2018 年市值突破了 1 万亿美元，但是在熊市中该股票曾经下跌超过了90%。如果你在最开始持有亚马逊的股票，你是成为在90%下跌过程中的出局者还是成为坚守到万亿美元山顶上的瞭望者？也许万亿美元的月光曾经在你头顶闪耀，但是你却沉迷于眼前的六便士。

二、风格切换与市场判断

在股票投资过程中，风格切换的好坏，直接影响到股票投资的结果。什么是风格？风格切换的内在逻辑是什么？如何把握好风格切换？在遇到风格切换的可能性时，选择按兵不动还是选择组合仓位调整？是否存在"主力机构"？我们希望通过一些历史数据来剖析如何运用和把握好风格切换。

1. 风格切换的原因

对于风格切换的成因，一般有以下几方面的解释：一是风险偏好的影响，当风格偏好提升时，中小盘股表现会相对较好，反之蓝筹股表现较好；二是估值切换与轮动，当估值差到一定区间时，会发生二者之间的轮动；三是存量资金博弈的结果，由于市场没有新增资金，在流动性约束下，不同风格股票之间会产生资金的"简谐振动"，从而带来波动；四是经济基本面在不同行业之间的差异化影响。

在2010年之前，股票的风格切换主要是周期股与非周期股之间的切换。当时，上市公司股票供给量相对有限，主要分布在各个行业的龙头或地方骨干国有企业。股票的基本面决定因素主要是所处行业在经济周期中的位置，一般在经济衰退过程中，最先受到影响的是周期性行业，体现为大宗商品价格下行、建筑建材及有色等强周期品种基本面预期显著恶化，由于价格影响对于周期性企业的利润边际影响非常明显，所以带来周期性股票的大幅下跌；反之在经济复苏的过程中，由于行业上下游传导因素的问题，最先感受到回暖的是周期性行业，周期性行业的启动往往预示着整个股票市场的启动。

但是，2010 年之后，股票的风格切换问题变得复杂。一是股票供给增加，尤其中小板和创业板出现之后，高 PE 股票不断增加，业绩驱动因素除了传统行业的影响因素之外，增加了技术进步、新兴行业、市场融合等多方面的因素；二是房地产行业的畸形膨胀导致房价和股价之间形成了一定的制约和相互影响关系，炒股票不能只看股票本身，还要看其他资本品的投资价值和投资机会；三是上市公司越来越多地关注股票价格和股票再融资对于公司财务结构改善的影响，因此上市公司的并购重组和整合也带来了非周期性的投资机会；四是市场总体估值不断抬升的过程中，市场出现了一定的泡沫，防御性板块从之前的金融、保险转向了医药、消费，风格轮换的主力行业也发生了显著的变化。

如图 5.19 所示，2015 年钢铁行业几无表现，但是计算机指数涨幅超过 100%。而 2019 年，食品饮料行业异军突起，钢铁行业甚至负增长。

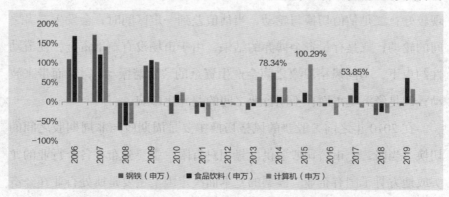

图 5.19　不同行业年度涨跌幅情况

2. 风格切换的走势

从 2008 年 7 月开始，中小板指数跑赢上证 50 达到 10 个百分点以上的月份有 8 个，而跑输上证 50 的次数有 6 次。最极端的情况发生在 2014 年 4 季度到 2015 年 1 季度。2014 年 4 季度，市场是蓝筹股的天下，银行股涨幅超过了 50%，而由于市场总体容量有限，增量资金进入银行股必然伴随着小盘股行情的走衰。

山水轮流转，在金融股搭台、蓝筹股唱戏之后，小盘股带来了明显的补涨行情，而且随着各种配资的影响，小盘股估值扶摇直上。从图 5.20 可以看出，2014 年以来，上证 50 跑赢了有色金属（周期类代表指数）和中小板指数，但是在其中有部分时段二者存在明显的差异。

有色金属指数的波动性显著高于上证 50，尤其 2017 年 2 季度，有色金属波动率达到了 30%，而上证 50 保持了平稳上涨；中小板指数则是波动率相仿，但是不同阶段涨跌幅差异较大。最为明显的是 2015 年上半年，中小板指数一骑绝尘，而上证 50 指数经历了反复之后上涨，涨幅较中小板少 30%；而从 2016 年年中开始，中小板指数与上证 50 指数分化持续拉大，中小板指数持续走弱。

如果从 5 年平均收益来看，上证 50 的年化回报率为 8% 左右，但是中小板指数、有色金属指数经过暴涨暴跌之后几乎又回到了原点。

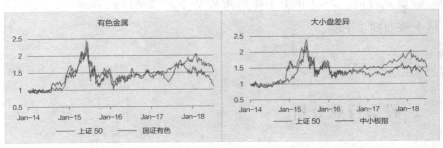

数据来源：WIND

图 5.20　行业风格差异与大小盘风格差异

3. 如何捕捉和把握风格轮动的机会

我们可以看出，指数的中长期走势基本一致，在阶段性差异的情况下，如果能够把握风格轮动的机会，可以有效增强组合收益。但是，如果方向做反，则不如持有不动，不做任何操作。因此，风格轮换需要充分的依据，否则按兵不动看来是更好的选择。

一是基本面的变化。在经济从衰退走向复苏的前期，通常先是PPI 出现抬头，PMI 上穿 50 的均衡点，此时应当提高周期股的配置；在经济明显向下，市场防御特征明显的背景下，防御性的蓝筹股是较好的选择。

二是市场总体估值水平区间。一般而言，如果市场总体估值水平已经在历史低位，PB<1 的股票比例已经超过 20%，在不发生大幅经济衰退的前提下，适当布局弹性好的周期股是相对合理的；如果市场总体趋势向上，估值不断抬升，选择弹性强的股票和指数可以起到事半功倍的效果。

三是行业自身因素。如随着供给侧改革的推进，煤炭、钢铁等大宗商品价格出现了明显的反弹和复苏。这种反弹不完全是由于需求加速的原因，更多的来自供给收缩的影响，在这种情况下，周期类股票的业绩预期出现反转，月度销售量、盈利数据明显好转，周期类股票走出了自己的独立行情。2017 年下半年的走势基本上就是伴随着煤炭、钢铁价格上涨而同步上涨。

三、股票行业分析

行业有其内在的周期性，大到一个国家，在不同的时期行业发展的景气程度不同。20 世纪 80 年代末开始，中国进入家电行业的景气周期，从黑白电视到彩色电视，从普通显示器到等离子显示屏。当时，一台电视相当于家庭半年的收入，彩电生产和销售企业也赚得盆满钵满。具体到上市公司的盈利和业绩上面自然也是大幅超出预期；进入 21 世纪，汽车成为每个家庭必备的商品，大中城市的汽车保有量迅速攀升，汽车股业绩一骑绝尘。

行业的周期性决定了花无百日红，任何商品都有其内在的周期运行规律。因此在股票分析中，如何能够前瞻性地把握行业景气的机会，选择合理的投资标的显得尤为重要。在 15 年前，没有人能够想象两股茅台可以买一瓶茅台酒，也没有人能够看到涨到 400 元港币的腾讯。如何能够找到相对低估、成长性强的个股是衡量投资能力的重要标准。

一般来说，行业分析框架包括了几方面内容，如图 5.21 所示：

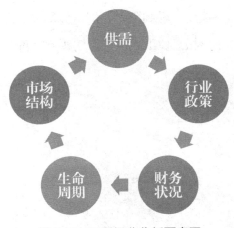

图 5.21　股票行业分析要素图

1. 行业供需关系

20 世纪 80 年代，中国经济呈现"短缺"特征，所有产品都供不应求，因此需要通过布票、粮票等方式进行分配。20 世纪 90 年代市场经济体制改革，经济产出能力显著提升，很多产品的供求格局发生了根本转变，目前 95% 左右的国内商品呈现长期供过于求或供求基本平衡的状态。

供求关系是可以转化的，举个大家都很熟悉的例子，前两年出现过"豆你玩"和"蒜你狠"，这些品种的价格飙升，翻了几倍甚至十几倍，豆农和蒜农因此获利颇丰。第二年生产大豆和大蒜的农户人数和产量均大幅提升，也因此大蒜开始出现了滞销，蒜价不及头一年的 1/3，很多蒜农出现了亏损。

农产品呈现典型的季节性供需波动特征，由于受到气候等多种因素影响，往往呈现大小年差异很大的特征。除了农产品，制造业产品也存在供需转化的情况，如 10 年前，人们买本田雅阁需要托人找关系，需要排队等几个月提车；而近几年，随着汽车生产线的投产，国内汽车供给量明显上升，而一线城市受到限号、停车位饱和等因素的影响，新增需求明显下降，汽车价格总体上也从加价购买到平价乃至大幅折扣。

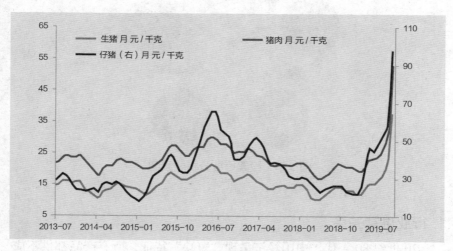

图 5.22　猪肉价格走势图

供需关系转化的动因是什么？需求决定供给还是供给决定需求是争论了上百年的一个经济学问题。应该说，供给和需求之间是相生相辅的，价格是调整供需关系的一个重要变量。

2. 市场结构

对于不同行业来说，市场结构不尽相同，经济学中区分为垄断市场、寡头垄断、不完全竞争和完全竞争等几种状态。不同市场结构的价格形成机制不同，企业的盈利模式和稳定性也受到明显影响。

（1）垄断市场，市场上主要由一家企业生产该产品，该企业的供给量超过了全市场的 80%，因此企业具有很强的价格掌控力。为了防止垄断企业的过度利己和囤积居奇的情况发生，大部分国家都出台了《反垄断法》进行管制。

（2）寡头垄断市场，3～5 家企业掌控了全市场的 80% 以上，几家企业可以通过订立同盟、协同定价的方式，保护企业的利润空间。最典型的例子比如电信、移动、联通为代表的中国通信市场。

（3）不完全竞争市场，是指商品受到存贮、运输等因素影响，同一行业存在多家生产企业，单个企业无法决定产品价格，但是价格存在一定的"可管理特征"，并不是完全信息对称。

（4）完全竞争市场，典型的如农产品市场，供需两方都由足够多的参与者构成，价格信息的传递和交流是完全透明的，每个农户和每个消费者都是价格的接受者，价格根据供需关系来确定。

分析市场结构的重要原因在于，只有了解市场结构，才能够更准确地把握市场的价格形成机制，从而对企业的盈利状况进行预测。

3. 产品生命周期

产品生命周期是指产品从投入市场到更新换代到退出市场所经历的过程。在市场流通过程中，由于消费者需求变化、消费结构方式变化等因素，商品经历由无到有、由盛转衰的全过程。产品生命周期一般分为导入期、成长期、成熟期、饱和期、衰退期，如图 5.23 所示。

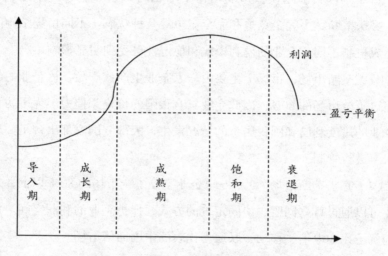

图 5.23　产品生命周期示意图

我们身边最熟悉的莫过于影音播放器材的变革，从最开始的录音机、VCD 到 DVD、MP3，再到移动存储。最早的先科 VCD 是家喻户晓的品牌，当时一台 VCD 机的价格接逾千元，加上后续购买光盘、碟片成本，一年成本在 500 元左右；仅仅不到 2 年的时间，VCD 升级为 DVD，价格也从 1000 元变成了 200 元。而到现在，DVD 也销声匿迹了，取而代之的是 MP3 播放器和手机的视频影音功能。伴随着行业的由盛转衰，很多红极一时的企业痛苦地寻求产业转型之路，然而并不顺利，仅深圳就有 30 多家 VCD 生产厂家倒闭。

汉王科技曾经是国内电纸书行业的龙头，但是受到 IPAD 的冲击，汉王科技的神话破灭。公司登陆中小板时，股价一度冲高到 175 元，由于业绩并没有如此亮眼的表现，之后连续多个季度亏损，股价跌去了 80% 多。汉王作为行业龙头尚且如此，而同行业的很多厂家都纷纷倒闭，电纸书生产企业从 50 多个品牌演变为个位数。

产品的升级换代过程是残酷的、不可逆转的，在分析股票的过程中，要关注：

（1）企业所处行业周期的位置；

（2）行业空间；

（3）企业的市场掌控力和周期结束前的预判与调整能力。

4. 行业政策

行业政策是政府为了实现一定的经济目标和国家战略，而制订的针对某些特定行业的政策，包括补贴、配额、保护价格等不同措施，目的在于保护一些弱小和前瞻性行业初期发展，实现经济结构优化和宏观经济目标。

毋庸讳言，鼓励和支持的行业中，企业的产品研发和市场销售具有一定的优势，而限制的行业往往在价格、销量方面会受到影响。但是事情并不绝对，之所以鼓励，肯定是产出不足、单位成本高、盈利能力弱，鼓励和支持只能起到辅助的作用，并不能完全取代行业自身的增长动力。限制的行业往往存在产能过剩、一哄而上、污染过重等特征，但是产能的聚集往往是以价格为先导的，因此尽管进行了一些控制，仍然不影响具有成本优势和规模优势的企业获得较好的收益。

📄 **案 例 5.5**   C A S E

2018 年 6 月 1 日，国家发改委等部门联合下发《关于 2018 年光伏发电有关事项的通知》，该通知使得所有相关企业彻夜难眠，多个公司周末紧急召开电话会议解读该通知，但是仍然难以摆脱开盘后大面积跌停的状况。文件的要点有以下几个方面：

（1）普通电站暂不安排，分布式 2018 年仅安排 10GW 纳入指标。

（2）从 5 月 31 日之后，补贴再次下调 5 分钱。

（3）加大市场配置资源力度，普通光伏电站通过竞争性招标方式确定业主，鼓励地方出台竞争性招标方式配置分布式光伏项目；严禁不公平竞争和限价竞争；招标后价格不得高于降价后标杆上网电价。

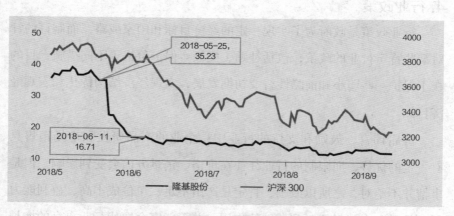

图 5.24 隆基股份股价变动与沪深 300 对照图

启示：

（1）行业扶持政策会随着行业的发展壮大慢慢退出。在光伏产业政策推动下，分布式光伏迅猛增长，部分地区发展过快；随着产业发展和技术进步，发电成本不断下降，提供了逐步向市价上网接轨的条件。

（2）行业政策的变化对于相关上下游企业有显著的影响，尤其对于原材料供应企业，补贴的减少直接压缩了市场空间，导致有可能产生部分过剩产能，而这部分产能国外并非能够完全消化。

（3）对于上市公司而言，价格趋势的变动对于利润的影响是直接和明显的，隆基股份、通威股份、金风科技等受影响较大。

（4）在上市公司估值评价和判断体系中，要充分、合理地估计行业政策变化趋势，并对于股票定价进行合理预判。

5. 财务分析

财务分析是上市公司价值判断的微观基础，财务报表质量和相关指标是评价上市公司业绩可靠性、发展可持续性的重要依据。经过 30 年的发展，在借鉴国际通行制度的基础上，国内上市公司的财务报表披露制度、会计准则、财务分析框架等日臻完善，数据积累、案例分析的经验也日渐丰富。可以说，财务分析是做股票投资的入门必备法宝，也是长期价值投资的重要基石。

企业财务分析分为三个层次，如图 5.25 所示：

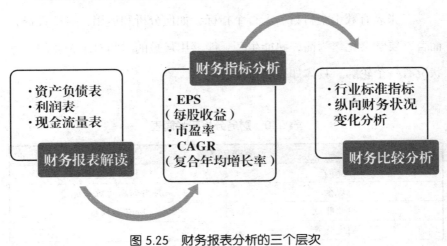

图 5.25　财务报表分析的三个层次

（1）财务报表解读

解读财务报表是财务分析的基础，即所谓的三张表：资产负债表、利润表、现金流量表。通俗地说，资产负债表反映了公司的"家底"如何；利润表反映了当年 / 当季企业的经营盈亏状况；现金流量表反映了当年 / 当季企业现金流状况。有些企业应收应付款项占比高、回款周期长，现金流量表与利润表之间就会存在明显的差异。因此，现金流量表更能够反映企业现金流的健康状况。

同样是三张表，信用分析和股票分析有一定的相似之处，但是也存在显著差异，具体体现在以下方面，如表 5.9 所示：

表 5.9　债券信用分析和股票分析的区别

	债券信用分析	股票财务分析
关注重点	企业偿债能力	企业盈利和发展能力
主要指标	资产负债率 偿债保障倍数 流动性负债占比	主营业务利润率 非经常性损益 经营性现金流
分析落脚点	企业收入是否能够覆盖当期负债、未来现金流对于未来负债的保证程度	企业盈利状况、未来产品的盈利持续性、相应行业特征所对应的估值倍数

三张表有数十个科目、上百个指标，如何分析和运用，对于投资者而言，要学会化繁为简，熟能生巧，能够用最短的时间对于企业的财务状况有一个轮廓。具体如表 5.10 所示：

表 5.10　财务分析三张简表

资产负债表	
总资产	长期负债
现金	一年内到期的短期负债
应收账款	所有者权益
固定资产	

利润表
主营业务收入
主营业务利润
非经常性损益
净利润
现金流量表
经营性活动现金净流入
投资性现金净流入
筹资性现金净流入

在解读财务报表过程中，需要关注几件事：

第一，三张表不是静态的，三者之间存在着重要的"勾稽关系"。打个比方来说，一个家庭去年末和今年末的资产负债表变化反映了一年中收入、支出、盈利状况，一定要读懂其中的"勾稽关系"。

第二，对报表之间的重要数据和较大的数据变动要有足够的关注和分析，一般而言，在报表附注中会有所说明，要学会读附注。

第三，要学会以批判的方式去阅读报表，不仅要知道报表反映的财务状况，还要学会提出问题，并针对性地解决问题。

（2）财务指标分析

企业经营类似人的身体，有其内在的运行特点，而企业的健康运行往往有一些特征指标，类似人的正常脉搏 60 ~ 100 次 / 分，人的正常血压 110/70 等，股票分析要能够从财务指标洞察企业运行的状况是否健康，是否在哪些环节出了问题。

主要的财务指标大概分为几类：偿债能力指标、运营能力指标、盈利能力指标、发展能力指标、股票估值指标。前四种是企业经营的指标，最后一种是体现在资本市场上的价格指标，毕竟企业有一个合理的定价范围，估值指标可以判断企业价值是否存在高估或者低估的状况，如图 5.26 所示。

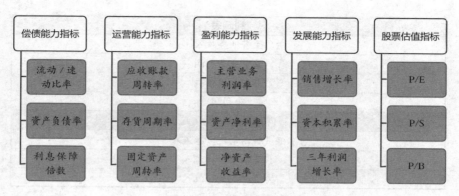

图 5.26 财务指标分析

其一，偿债能力指标。企业发展不可能全部靠自有资金，在经营过程中可能形成应收应付款项、为了应对日常运转需要一定的流动资金，为了加快业务拓展，也可能通过银行或债券市场融资，这些都构成了企业的负债。对于企业的负债水平是否合理，从三个方面可以理解：

第一，总体负债水平，即资产负债率，一般来说，重资产企业 70% 以上负债，轻资产企业 50% 以上负债是需要关注的，但是也不绝对，毕竟不同行业的资产负债率水平差异很大，因此有定期颁布的《行业标准值》，可以作为各个行业负债率水平是否合理的参考。

第二，短期负债压力，有些企业尽管资产负债率不高，但是短期负债占比高，往往会存在一定的集中偿债压力，因此短期负债占比是一个很重要的关注指标，一般用流动比率和速动比率来衡量企业短期资产对于短期负债的保证能力。

第三，对于长期负债而言，每年需要支付相应的利息，对银行而言，如果企业短期存在资金压力，只要能够"借新还旧"，支付利息，还可以滚动给予授信支持。因此，利息保障倍数是一个很重要的指标，倍数越高，说明企业债务的安全性越高。

其二，运营能力指标。偿债能力指标是静态指标，但是对于企业运转效率如何、投入产出状况如何、是否出现滞销、脱销等情况，则通过运营能力相关指标来进行判断，主要是通过周转率来衡量。按照资产的流动性不同，具体可以分为应收账款周转率、存货周转率、固定资产周转率、总资产周转率。比如一个企业一年销售收入 10 亿元，应收账款平均为 2 亿元，则应收账款周转率为 5 倍，表明企业应收账款效率较高。

其三，盈利能力指标。简单地说就是企业赚不赚钱、赚钱多少的问题。但是不仅仅从赚钱结果判断，还要考虑盈利的来源等，因此细分出了不同的指标：

第一，主营业务利润。一个卖包子的店铺如果某一年利润增长了 50%，我们要看是多卖了 50% 的包子，还是包子提价了 50%，还是增加了 50% 卖馒头的业务。这三种情形分别可以用三个指标来衡量。

A. 多卖了 50% 的包子，销量增加，而毛利率不变，因此主营业务利润增长，但是主营业务利润率没有变化。

B. 包子提价 50%，主营业务毛利率和主营业务利润同步提升。

C. 增加 50% 卖馒头的业务，主营业务利润、利润率都没有变化，因为馒头属于其他业务收入。

当然，以上分析是仅仅分析了量和价，影响利润还有一个关键因素是成本，比如面粉价格下降了 30%、蔬菜价格下降 50% 等均有可能产生利润增长 50% 的结果。

第二，资产净利率。毛利率和净利率的区分是很重要的，二者最大的区别来自管理成本和税费。毛利是收入减去直接成本；净利润是在毛利的基础上扣除管理成本和税费。考察净利率指标最主要的原因是要衡量公司实际最终的利润成果是多少。

第三，净资产收益率。企业总资产中有一部分是负债，这部分资产按照约定利息收益，并不享受企业经营成长的超额收益，因此净资产收益率体现的是企业实际自有资本所获取的收益水平。

从图 5.27 可以看出三个指标之间的关系，前两个指标区别在于分子的变化，而第三个指标区别在于分母变化（框中所示）。

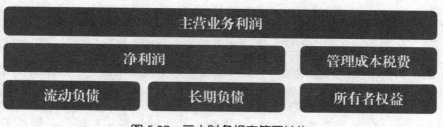

图 5.27　三大财务报表简要结构

其四，发展能力指标。一个企业能不能持续赚钱、赚稳定的钱是判断股票投资价值的重要维度。

第一，利润是否持续增长。企业 A 近三年利润分别为 3000 万元、4000 万元、5000 万元，企业 B 近三年利润均为 4000 万元。虽然从利润总额来看两个企业过去三年利润是一样的，但是从增长来看，企业 A 的成长性要显著好于企业 B。

第二，销售是否持续增长，保证利润的可持续性。企业 A 销售收入近三年分别为 3000 万元、4000 万元、5000 万元，企业 B 销售收入分别 5000 万元、4000 万元、3000 万元。顺序不同，显然企业 A 是一个成长的企业，而企业 B 面临着市场的萎缩。

其五，股票估值指标。

第一，股票的定价。股票价格本质上是未来现金流的贴现，利润增长率的变动会直接影响当期股票的价格。因此，股票价格是两个因素决定的：一是公司的盈利能力，包括即期和未来的 EPS；二是市场定价中枢，市盈率水平。

第二，市盈率是股票市值相对于 EPS 的倍数，不同行业的市盈率中枢不同。从表 5.11 可以看出，信息技术和 IT 类企业的 PE 水平相对较高，而传统金融、地产等大盘股的 PE 相对较低。一方面是由于 IT 类企业业绩弹性和业绩预期变动比较大；另一方面是由于 IT 类企业个股市值相对较小。随着独角兽企业上市，计算机等企业的估值水平也在向中枢移动。

表 5.11　股票各行业平均 PE 和 PB

行业	平均 PE	平均 PB	行业	平均 PE	平均 PB
信息技术	72.9	3.51	批发零售	27.7	2.2
科技服务	64.7	5.68	文化、体育娱乐	25.5	2.46
居民服务	62.4	12.19	电力、热力	25.3	1.71
住宿餐饮	54.9	3.72	采矿业	24.1	1.35
农林牧渔	43.7	3.37	交通运输仓储	21.1	2.11
商业服务	33.1	3.21	房地产	14.7	1.85
制造业	31.7	3.1	建筑	12.2	1.3
水利、环境	30.7	2.95	金融	8.7	1.06

数据来源：WIND　　注：数据截至 2018 年 7 月 16 日

第三，盈利波动较大的企业，市盈率不稳定，但是有些行业可以用 PS 指标进行一些补充解释，比如零售行业的企业，净利率比较低，但是市场占比和销售额的增长会提升企业的行业地位，从而影响企业的价值。

第四，市净率反映的是价格相对于企业净资产的比率，一般在熊市中，如果市净率低于 1，表明企业股票价格低于其每股净资产，相当于企业股票折价出售，反映出有一定的价值安全边际。

6. 股票估值与定价

在财务分析的基础上，需要对股票进行相对完整准确的定价，一般股票有一个估值的相对合理区间，比如 PE 25 倍到 30 倍。那么，如何通过 PE、PS 计算合理的价格区间，对股票投资价值进行判断呢？

DDM 模型，即股票的价值是未来股利现金流的贴现。按照股利增长方式不同，分为以下几种：

（1）零增长模型（即股利增长率为 0，未来各期股利按固定数额发放）

计算公式为 $V=D0/k$

$$V = \sum_{t-1}^{\infty} \frac{D_t}{(1+k)^t}$$

其中 V 为公司价值，$D0$ 为当期股利，k 为投资者要求的投资回报率，或资本成本。

（2）不变增长模型（即股利按照固定的增长率 g 增长）

$V=D1/(k-g)$

（3）二段增长模型、三段增长模型、多段增长模型

四、股票交易的技术分析与频率

我们经常能够关注到很多技术分析专家的解盘，包括 MACD、金叉、三乌鸦、布林线等等，而且还有各种判断市场走势的软件、指标，不一而足。但是在投资过程中，我们注意到，技术分析是以预测市场价格变化为目的，通过历史图形对于价格运行进行判断的方法，有助于分析市场情绪和交易者行为。但是从中长期来说，技术分析只能起到辅助

的作用，不能够完全替代长期投资分析体系。

1. 基本的技术分析方法

技术分析理论的三个前提是：市场价格按照趋势的方式进行演化，价格包括了一切的市场行为，历史会不断重复。在实际过程中，我们会发现，技术分析经常不够准确的原因在于市场经常会创造历史，每一天都是不同的存在，根据历史图表抽象出来的规律影响因素很多。

我们不会盲目相信技术分析，只是把它作为一个工具来运用，主要的理论有以下几种：

（1）道氏理论。股票价格变化分为三种趋势，主要趋势是持续 1 年或以上，大部分股票涨跌幅超过 20%；中期趋势是指持续超过 3 周，方向与基本趋势相反，幅度一般为基本趋势的 1/3 ~ 2/3；短期趋势是价格的短期波动，一般不会超过 6 天。

道氏理论非常重视指数的形态分析，如果均线在一定时间内窄幅震荡，往往酝酿着变盘或者选择方向的可能；形态一般有底部、顶部反转或短期修正的中继状态。

道氏理论告诉我们，在市场没有明确趋势的状况下要少参与，而在次级调整波的适当位置建立头寸，赚有把握的一部分钱。方向正确的时候要耐心守候，用金字塔方式递减持有数量。明确止损位，一旦突破要坚决止损。

止损、减仓节奏等经常在组合管理中用到，也是很重要的操作方式，但是如何判断相对位置，则是需要长期的积累和对市场深刻的理解。

（2）艾略特波浪理论。这是最耳熟能详的技术分析理论，将市场变化归纳为 13 种形态，认为市场走势会出现不断的重复。每个周期分为 5 个上升浪和 3 个下跌浪。股票按照主要趋势上涨时，遵循 5 波的顺序，而下跌时，按照 3 波顺序运动。

波浪理论有一系列的判定原则，包括波浪可以合并成高一级的浪，也可以分割为低一级的浪，第 3 浪底部可以是最短的一浪，第 4 浪底部不可以低于第 1 浪的顶部等。

艾略特波浪理论主要是从群体心理学角度出发，包括了形态、比率、时间 3 个部分，形态是最重要的影响因素。在波浪计算中，最常见的 3 个数值是 0.382、0.5 和 0.618。

2. 过度交易

2012 年之后，中小板和创业板行情迅猛，很多市场上的迷你基金换手率很高，年化换手率超过了 500% 甚至更高，相当于每个季度组合股票换了 50%。但是我们统计发现，高换手并不意味着业绩好，反而换手率提升影响了组合的业绩。

3. 成本交易

投资过程中，每个投资者都有一个心理，就是"买入成本"，统计发现，如果跌破买入成本，70% 以上的投资者会选择持有直到回本为止。基金申购赎回过程中这样的特征非常明显，我们发现，跌破面值的基金赎回比率远远低于高于面值的基金，这些跌破面值的基金一旦回本，就会出现大量赎回的发生。原因大致有两个方面：一是投资者不愿意忍受亏损；二是经历过波动之后的投资者会认为亏本赎回有可能会出现"左右打脸"的状况。

这种情况在股票投资过程中也相当普遍，作为投资经理，购买股票"忘记成本"是必修课。买入 / 卖出股票的依据是对上市公司业绩及未来发展状况的判断，成本只是决定了买入该股票时对应的估值。一旦市场方向发生变化或者上市公司经营状况发生变化，卖出是第一选择，和成本无关。亏损是自身投资决策失误的代价。如果方向变化了，仍然长期持有，等待回本，那无异于等待小概率事件的发生，这违背了"大概率事件投资"的基本原则。

4. 历史不会踏入同一条河流

我们经常遇到的一种状况在于，某个强势股，在上涨之后由于没有追上后悔莫及，等到市场回调的时候，认为有便宜捡货的机会而买入，结果导致亏损。从哲学的角度来说，这类似于一个"历史不会踏入同一条河流"的原理，但是从人的认知上来说，形式上的类推导致结果上的巨大差异。

五、A 股市场的结构演化

经过三十年的发展，A 股市场从典型的散户特征市场逐渐演变为机

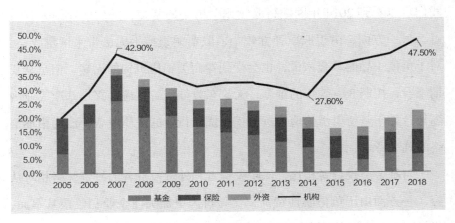

图 5.28　A 股市场机构投资者比重变化图

构为主的市场，在机构投资者主导的市场上，不同机构投资者的行为和特征对于股票投资也产生了明显的影响。

从图 5.28 可以看出，（1）A 股市场机构投资者比重逐步提升，目前已经接近 50%，机构投资者的投资行为对市场产生了主导作用；（2）基金的持仓比重在 2007 年达到高点之后逐渐下降，从超过 25% 下降到目前仅占 A 股市场份额的不到 10%；（3）外资投资者的比重不断提升，尤其从 2018 年之后 A 股纳入罗素、MSCI 等指数之后，外资投资者的比重迅速提升到 6%，而且在不久的将来会超过国内基金投资者；（4）保险类机构的占比相对稳定，大体在 A 股的 10% 左右，稳定的负债资金来源是其规模占比相对稳定的重要因素。

不同机构投资者的投资行为差异较大，基金类机构受到定期排名的影响，存在机构行为散户化的特征：（1）70% 的基金经理出于排名和职业生涯的需要，选择了"随波逐流"，按照大部分基金共同的持仓结构进行配置，"抱团取暖"成为一个典型特征，2014 年集中持有金融类股票、2018 年集中持有蓝筹股等，都是这一行为的代表；（2）重视长期价值投资的力量，往往成为其中的异类，一方面存在短期排名的压力，我们可以看到 2014 年因银行股领跑全市场的基金，随后的业绩差强人意；另一方面，由于股票弹性较小，股票频繁换手无法带来增量收益，对于负债主导的基金来说，也会受到券商类销售机构的诟病。但是从长期来看，按照 3 ~ 5 年的维度，无论东方红资管，还是兴全基金等业内翘楚，无不坚持秉承价值投资，挖掘优质行业的优质股票，成为市场最终的胜利者。

与基金类投资者相比，保险投资者和外资投资者的投资脉络相对从容，一方面由于负债属性特征，交易行为更加关注企业和股票基本面，降低了对于个股的博弈；另一方面，考核方式的差异带来了更多的容错空间。从长期来看，监管机构鼓励机构投资者作为资本市场内生的价值发现力量，能够对于市场的价值挖掘起到引领和带动作用。

股票交易投资要点小结

▶ 价值投资是股票投资的基础，纯粹技术分析能够持续盈利赚大钱的投资者少之又少，秉承价值投资，在合适的价格购买合适的股票是我们必须遵守的原则。

▶ A股市场受到市场结构和政策影响比较大，因此筹码分布、投资者属性等博弈性因素在短期内会对股价造成显著的影响。但是博弈性的股票过度参与会影响投资的基准，不利于形成稳定明确的投资风格。

▶ 忘记成本、忘记历史，是做好股票投资的第一步。

▶ 用一级投资和企业股东的角度思考股票投资价值，心态才能够更平和，投资也才能够更从容。

▶ 财务分析是股票投资的必修课，对于企业财务报表的判断和甄别是做好投资的基础。

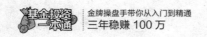

第 3 节
新股融资与再融资

从 2006 年开始，股票市场的融资功能得到了前所未有的重视，新股发行的数量、规模都持续增加，高峰时期排队上市的公司超过了 700 家，形成了所谓的新股"堰塞湖"。新股发行的政策也随着市场的变化进行了多次调整，并形成了目前万众打新、利益均沾的格局。

回顾新股发展历程，保本基金作为一种特殊的混合基金，也曾经是新股发行的重要参与力量，新股申购收益对于很多保本基金当年业绩形成了较大的影响。尽管目前新股中签率下降、保本基金由于底仓不足，参与新股申购的频次也不断下降，但是作为重要的低风险获利手段，新股申购仍然是投资策略中不可或缺的一环。

一、新股发行市场状况

从表 5.12 可以看出，新股发行募集规模保持相对稳定，除 2008、2013 年的特殊情况之外，其他年份新股发行数量都超过百家，新股

发行规模也超过千亿，占总体股票市场募集资金规模的比重也保持在
10% ～ 20% 之间。

表 5.12　2002 ～ 2017 年新股发行情况（单位：亿元）

年份	募资规模			公司总数			新增股本		
	募资总额	新股发行	配股	上市总数	新股发行	配股	新增股本	新股发行	配股
2017	15,335.8	2,210.7	180.5	3,485	437	8	155	146.5	8.9
2016	19,077.4	1,600.1	6,305.7	3,052	240	10	134	113.8	20.5
2015	14,050.2	1,630.2	6,258.5	2,827	220	6	137	122.0	15.0
2014	7,840.6	668.9	138.0	2,613	125	13	57	37.4	20.0
2013	4,185.1	0	475.7	2,489	1	13	55	10.7	44.2
2012	4,632.7	1,034.3	121.0	2,494	154	7	71	44.7	25.9
2011	7,848.0	2,777.3	372.6	2,342	281	13	175	90.1	84.5
2010	9,515.0	4,745.4	1,487.6	2,063	347	20	790	402.1	388.0
2009	5,052.9	1,945.9	106.0	1,700	100	10	239	229.6	9.9
2008	3,311.1	1,034.4	139.5	1,604	77	8	106	95.3	10.8
2007	7,742.4	4,611.6	232.5	1,530	125	7	382	377.3	4.4
2006	2,578.1	1,564.1	11.5	1,421	66	3	332	328.2	3.8
2005	330.1	57.6	2.6	1,378	15	2	10	9.6	0.3
2004	648.9	353.5	126.7	1,373	98	24	54	35.5	18.1
2003	642.5	453.5	74.4	1,285	66	25	89	83.6	5.6
2002	600.1	508.5	26.8	1,223	67	10	117	114.2	2.9

数据来源：WIND

　　新股发行政策也进行了几次调整，调整的目标有三个：一是推进新
股的市场化发行，由于新股上市爆炒情况的存在，监管机构和交易所多
次调整了新股申购规则，力图顺价发行、降低一二级市场的价差；二是
防止过高价格发行，导致一级市场吞噬二级市场利润，保护新股申购参
与者的合理收益；三是充分发挥新股发行的融资功能，提高直接融资比
重，有效降低公司财务杠杆率。

但是，政策与市场是千变万化的，每次政策的调整都产生了一定的博弈空间，从而新股申购也出现了大起大落的状况，直到 2016 年，新股申购规则基本定型。目前的规则主要体现了包括公募基金、社保在内的长期价值投资者优先获配、定价基准基本与二级市场同类企业确定、投资者获配数量相对较少，但是机会公平。对于大家报价一致、新股定价流于形式等问题，已经引起了监管机构的关注，随着独角兽企业的回归和外资机构的进入，在既有新股框架下，差异化定价的比例将会不断提升。

2000 年之前，新股发行实行审批制，发行价格以政府指导为主、发行市盈率区间相对确定；1990 ~ 1998 年市盈率在 12 ~ 15 倍之间，1998 年开始超过了 15 倍上限。曾经一度进行了上网竞价的试验，但是效果并不理想。从 1999 年开始，对于股本总额 4 亿元以上的新股，推动上网发行和法人配售相结合的方式。

2019 年 3 月 1 日，证监会发布了《科创板首次公开发行股票注册管理办法（试行）》和《科创板上市公司持续监管办法（试行）》，通过进一步完善市场交易机制，充分发挥市场发现价值的作用，充分发挥市场配置资源的决定性作用，如表 5.13 所示。

表 5.13 科创板首次公开发行股票注册管理办法和上市公司持续监管办法一览表

发行审核	上海证券交易所
发行注册	证监会 20 个工作日内作出是否同意注册的决定
审核原则	审核原则：依法合规、公开透明、便捷高效
	审核方式：电子化、问询式、分行业
	审核内容：发行条件、上市条件、信息披露
	审核时限：受理文件起 3 个月，回复审核问询时间总计不超过 3 个月
	审核关注点：真实准确完整、充分一致可理解、符合格式准则
审核机构	上交所发行上市审核机构 上交所科创板股票上市委员会

续表

发行审核	上海证券交易所	
强化监管	事前、事中、事后全过程监管	
审核标准	五套标准 1. 市值不低于人民币 10 亿元（最近 2 年净利润为正，累计不低于 5000 万元，或最近 1 年为正收入不低于 1 亿元） 2. 预计市值不低于 15 亿元（最近 1 年收入不低于 2 亿元，最近 3 年研发投入占比不低于 15%） 3. 预计市值不低于 20 亿元（最近 1 年收入不低于 3 亿元，最近 3 年经营活动现金流量净额累计不低于 1 亿元） 4. 预计市值不低于 30 亿元（最近 1 年营业收入不低于 3 亿元） 5. 预计市值不低于 40 亿元（主要业务经过有关部门批准，医药行业需要至少一项一类新药二期临床试验批件）	
交易规则	交易机制	T+1
	交易方式	竞价交易、大宗交易、盘后固定价格交易
	融资融券	上市首日开始
	申报数量	市价单：200 股 ~ 5 万股 限价单：200 股 ~ 10 万股 卖出余额不足 200 股，应一次性申报卖出

表 5.14 新股发行方式

年份	发行方式
2004	初步询价、累计投标询价两个阶段，前者定区间，后者定价格，锁定期 3 个月；询价对象不少于 20 家，配售比例不超过 20%，4 亿股以上不少于 50 家，配售比例不超过 50%
2009	弱化锁定期，网下配售不得参与网上申购，建立了回拨机制和中止机制
2010	取消中小创累计询价环节；摇号确定获配机构，获配数量增加
2013	取消网下锁定期，高报价剔除，比例不低于 10%，限制获配机构数量（4 亿股以下 20 ~ 40 家，4 亿股以上 10 ~ 20 家）
2014	新股申购流通市值门槛，网下投资者单一报价，取消获配机构数量限制；为打击"三高"，按照发行市盈率指导定价，并推出熔断机制
2015	2000 万股以下且没有老股转让的直接定价发行，取消预先缴款，23 倍 PE 为参考
2018	独角兽引入战略配售，如工业富联配售并锁定 70% 网下股份
2019	科创板推行注册制并在试点基础上逐步开

从表 5.14 可以看出，自新股发行以来，如何解决爆炒、定价失真等问题一直受到市场关注，每一次制度的调整都有其深刻的历史背景。在新股申购历史上，有几只新股成为制度调整的重要变量。

1. 中国石油

2007 年 11 月 5 日，中国石油上市。发行价格 16.7 元，发行 40 亿股，上市开盘价 48.6 元，成为当时牛市的标志性事件。

48.6 元成为中石油发行的最高价，从次日开始持续下行，到 2008 年 11 月 4 日，收在 10.35 元，累计跌幅达到 80%，如图 5.29 所示。对于中签中石油的投资者来说，上市卖出能够获得不错的收益，但是对于炒新的投资者来说，这是一场梦魇。

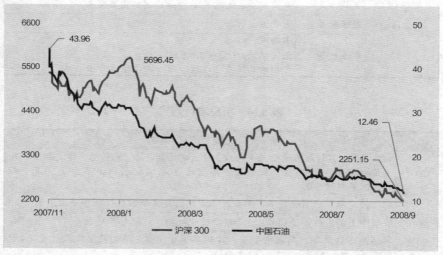

数据来源：WIND

图 5.29 中国石油新股上市走势图

2. 八菱科技

2011 年 6 月 8 日，八菱科技因为询价机构 19 家，不及 20 家的最低要求而中止发行，成为 A 股历史上首个中止发行的股票。一方面由于市场总体疲弱，行业不受青睐的因素；另一方面，在获配数量多、预期盈利空间小等因素影响下，网下机构最终选择了放弃申购。

在申购中止前，主承销商曾经和多家机构联系，希望能够进行询价，但是最终仍由于参与者少而中止。

3. 胜景山河

2008 年 3 月 IPO 过会，拟发行 1700 万股，募集资金 5.8 亿元。2010 年 12 月 16 日，媒体报道胜景山河涉嫌造假，巨额销量存疑，有可能通过会计造假虚增收入。次日，上市被紧急叫停。

（1）在湖南和上海的超市，很少见到"古越楼台"的销售，号称面向酒店渠道的"典"系列也鲜见踪影。

（2）最大经销商明德商贸查询不到，在没有渠道的背景下，372 万瓶古越楼台到底卖到了哪里？

（3）公司自称毛利率高于行业平均水平 10 个百分点，人均产能比古越龙山高 358%。

4. 奥赛康、慈铭体检

2014 年 1 月 13 日，奥赛康、慈铭体检发布公告，按照证监会《关于加强新股发行监管的措施》，暂停上市。由于奥赛康询价 72.99 元每股引起了监管的关注，而且老股转让数量大于新股数量，市场质疑股东进行高额套现。包括慈铭体检、奥赛康在内的 5 家公司，成为高价询价时代的终结，具有显著的标志性意义。

二、新股上市表现

从 2009 年开始，新股发行收益和市场状况、政策变化等有密切关系，除 2012 ~ 2013 年之外，大部分年份参与新股发行可以获得正收益，也产生了批量申购、涨停卖出等细化的投资策略。从表 5.15 可以看出过去几年新股上市的表现状况。除了 2011 ~ 2012 年市场极度疲弱的情况之外，其他绝大多数新股上市都有明显涨幅。尤其 2014 年取消网下获配机构数量之后，获配机构明显增加，连续打板的情形频频出现。从 2014 ~ 2018 年，有半数以上的新股连续打板超过 10 次。

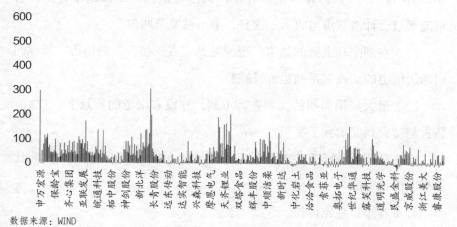

数据来源：WIND

图 5.30　2013 年之前新股上市首日涨跌幅

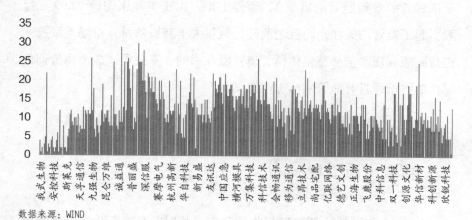

数据来源：WIND

图 5.31　2014 年之后开板前涨停次数

表 5.15　连续涨停板次数分布

	2014 年	2015 年	2016 年	2017 年	2018 年	总计
1	14	1			2	17
2	12	1	1	1	2	17
3	6	1		11	2	20
4	8	5	2	26	3	44
5	11	14	4	23	7	59
6	8	14	7	34	7	70
7	11	15	9	32	5	72
8	10	9	12	45	6	82
9	6	15	14	35	6	76
10	8	16	18	38	3	83
11	11	4	16	46	6	93
12	8	17	14	31	2	72
13	1	9	11	26	1	48
14	1	17	25	29	3	75
15		14	17	14		45
16	1	7	14	15	4	41
17		9	9	12	2	32
18	1	2	16	3	1	23
19		3	15	8		26
20	3	32	21	7		63

数据来源：WIND

　　新股上市表现虽然非常亮眼，但是开板之后的走势往往大跌眼镜。除了极个别情况之外，新股上市之后三个月往往都低于开板日的成交价。这也说明新股上市连续打板存在比较明显的炒作和非理性"击鼓传花"特征，正股本身价格并不应当以开板价格作为参考。

　　炒新的节奏似乎并没有因为规则的变化而发生改变，科创板尽管前5 个交易日没有涨跌停，之后涨跌停幅度也扩大至 20%，但是上市之初的涨幅也是惊人的，大部分股票的换手率都超过了 50%。但是随着发行节奏加快和市场逐步走向理性，上市涨幅逐步收窄，打新的收益也逐步下降。11 月份科创板新上市公司首日涨幅最低的公司仅为个位数，卓越新能上市 3 天就破发，未来打新收益的不确定性显著增加，如表 5.16 所示。

需要关注的是，科创板融券与转融券对价格形成有显著的作用，从其占全部 A 股市场的占比可以看出，尽管市值占比仅 1.17%，但是融券余额占比超过了 20%，如表 5.17 所示。

表 5.16　科创板上市的首日表现

月份	平均涨跌幅 (%)	最小涨跌幅 (%)	最大涨跌幅 (%)	换手率 (%)
7 月	139.55	84.22	400.15	77.78
8 月	298.16	255.61	366.52	76.12
9 月	151.10	64.44	221.19	70.94
10 月	121.75	33.74	318.30	75.58
11 月	64.43	6.42	175.51	74.44
总计	125.39	6.42	400.15	75.85

表 5.17　科创板股票的融资融券状况（单位：百万元）

总市值	最新	融资余额	融券余额	转融券余额
科创板	699,227.08	4,893.82	2,174.28	3,469.56
全部 A 股	59,874,479.86	835,698.80	8,996.70	9,103.39
科创板 / 全 A	1.17%	0.59%	24.17%	38.11%

数据来源：WIND

三、新股申购机构收益状况

新股申购一直是基金投资重要的增强因素，尤其 2014 年实行市值配售之后，打新策略成为很多公募基金重要的投资策略。

从表 5.18 可以看出，各不同类型的机构中，公募、社保、年金参与新股申购的平均次数最多。其中，年金账户由于有多个管理人，存在同一新股多个合格报价机构的情况，因此最多的年金组合参与了 3451 次报价，如果剔除这一因素，相当于所有新股都参与了申购。

网下申购成为机构投资者获取低风险收益的重要手段，但是有些个人投资者也不甘落后，尽管中签率和获配比例低于 A 类投资者，但是也有个人投资者参与了 600 次以上的询价，基本上也是每新必打的状态。

表 5.18　各类机构参与申购新股次数情况

	平均值项：首发	最大值项：首发
QFII	84	602
保险公司	206	271
保险账号	241	1014
财务公司	265	798
个人	18	687
基金	226	684
基金管理公司	21	465
企业年金	359	3451
券商	225	663
券商集合理财	20	665
社保基金	348	618
信托产品	42	348
信托公司	166	568
一般法人	32	1431
总计	2253	12265

数据来源：WIND　数据截至 2018 年 6 月 11 日

与大家参与的热情相比，中签率则是每况愈下，中签收益波动也较大。从图 5.32 可以看出，如果按照满额市值打新，2016 年 9 月到 2017 年 11 月市场情绪较好，打板次数较多，因此中签收益单月均在 50 万元以上，2017 年上半年甚至在 100 万元以上，年化收益率超过了 10%。

即使剔除正股的波动，仍然有明显的增厚效果。

但是从 2017 年 12 月开始，单只新股申购收益显著下降，考虑到市场的大幅下行，如果不进行底仓对冲，新股申购收益无法覆盖底仓波动的损失。参与新股申购的机构也明显减少。

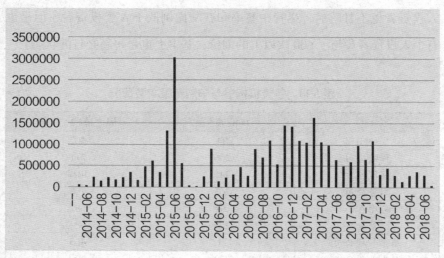

数据来源：WIND

图 5.32　新股申购单位中签收益情况

从表 5.19 可以看出，针对不同机构来说，参与新股申购的投资目标不同，因此对于收益的诉求也各不相同，具体有以下几种：

第一，对于纯粹通过打新实现收益的组合来说，尽可能降低底仓波动、实现完全对冲是最主要的，因此这部分基金会通过组合内对冲、收益互换等方式降低收益损失。而对于保险、券商来说，由于持仓股票市值本来就很大，参与新股申购只是锦上添花；对于保本基金和混合基金来说，尽管也有相应市值，但是考虑到组合平均规模一般为 5 亿元左右，底仓波动影响还相对明显，因此新股申购要综合考虑新股发行节奏、质地、两市分布情况进行安排，是组合总体投资策略的一部分。

第二，对于组合对冲来说，一般分为几种类型。一是通过期货进行对冲，由于公募基金套保仓位不能超过股票市值的 20%，因此，有些公募基金会采取裸敞口方式，即留 80% 的敞口；有些以大盘蓝筹股为主，降低波动；而个别基金也可能通过其他专户进行专项对冲的方式，实现两个组合加总收益波动最小。二是收益互换方式，在新股申购过程中，有些券商提供收益互换服务，对于持仓的一揽子股票波动收益进行买断，需要支付 1% ~ 2% 的成本。

表 5.19 各类机构参与新股策略及诉求

机构类型	持仓市值特征	新股收益诉求	对冲策略安排
企业年金	长期稳定	锦上添花	不必需
混合基金	部分仓位持续稳定	二级策略	根据组合统一策略
券商账户	长期持有	锦上添花	可以部分对冲或不对冲
保本基金	组合差异较大	二级策略	部分对冲
新股策略基金	市值为打新而存在	核心策略	尽可能完全对冲或降低波动

由于 2015 ~ 2017 年新股发行只数多、中签收益稳定，公募基金作为 A 类投资者新股获配比例较高，市场上出现了专门的打新策略基金，一般有以下几个方面的特点：

（1）规模在 2 亿 ~ 3 亿元。因为新股收益相对固定，规模越小，收益摊薄影响越小，经过测算，3 亿元左右规模年化收益在 10% 以上。

（2）股票仓位和品种都相对固定，部分基金采取单边市场打新。在 2 亿 ~ 3 亿元规模的基金中，有些基金持仓稳定在 1 亿 ~ 1.2 亿元，单边打新的基金持仓在 6000 万 ~ 8000 万元之间。

（3）组合参与新股申购次数多，几乎每只都参与。

但是随着打新收益率下降，打新基金的数量和规模明显下降，打新策略基金也成为阶段性的基金失去了昔日光彩。2018 年上半年，打新基金的数量持续下降，从 650 只下降到 488 只，股票持仓规模也有所缩水。随着打新收益下降，打新收益无法覆盖底仓波动的影响，打新基金出现明显的净赎回，单季度赎回比例都超过了 5%。

除了新股申购之外，定向增发也是上市公司募集资金的重要方式。定向增发有以下几个方面的特点：

（1）流程简便，审批程序比较简单，融资过程也相对快，佣金率低于普通融资；

（2）沟通过程简单，由于定向增发普遍面向机构投资者，基准日确定的价格变动较小，往往能够和投资人达成相对一致；

（3）对于某些大股东来说，是增持的重要途径。

在过去的 5 年中，定向增发募集资金额远远超过了新股募集资金额。一是存量上市公司较多，二是由于新股申购限制了发行市盈率，而定向增发往往通过市价折扣发行。从图 5.33 可以看出，2014 年开始，定向增发规模持续扩大，2016 ~ 2017 年达到顶峰，单月的募集资金额超过了 1000 亿元，最高时达到 3000 亿。但是上市表现分化明显，2014 ~ 2015 年增发的股票盈利的幅度明显较高；而从 2016 年开始，定向增发股票很多都处于亏损状态。考虑到不少的定向增发是通过配资或者杠杆方式参与，对投资人而言损失巨大。

2014 年之前，定向增发之后，无论增发方案实施前一个月还是增发实施后，都有比较显著的跑赢大盘的效果，但是 2015 年之后，由于参与主体的变化，定向增发结束后 1、3、6 个月，定增的超额收益并不甚明显。

2017 年之后，随着市场调整、监管从严、减持新规的出台，定向增发从火爆的状态逐渐冷却。2018 年以来，实施定向增发的公司数量显著下降，而且参与者稀少。

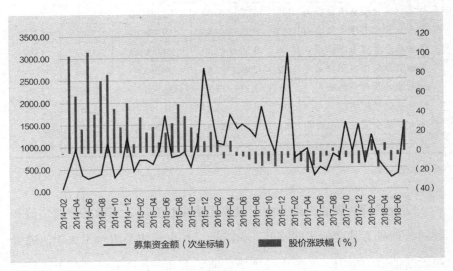

数据来源：WIND

图 5.33　定增募集资金额及股价涨跌幅情况

公募基金在 2014 年之前是定向增发的主要参与力量，但是随着定增基金、结构性定增计划等参与者的加入，从 2016 年开始，普通公募基金在定向增发中的参与比重明显下降，取而代之的主要是基金专户和定增特制公募基金。

从表 5.20 可以看出，在定增市场上，呈现赢者通吃的格局，前 10 大公司参与次数超过 44%，参与金额超过 37%，而且，单份额认购金额一般在 3 亿元左右。

表 5.20　定增市场主要参与机构参与定增情况

名称	增发（次）	累计申购动用（万元）	平均每次动用（万元）	参与次数占比	参与金额占比
财通基金管理有限公司	546	16,622,057.53	30,443.33	16.5%	12.8%
北信瑞丰基金管理有限公司	127	4,064,948.07	32,007.47	3.8%	3.1%
泰达宏利基金管理有限公司	117	3,706,590.38	31,680.26	3.5%	2.8%
东海基金管理有限责任公司	112	2,231,947.53	19,928.10	3.4%	1.7%
华安基金管理有限公司	105	2,520,045.46	24,000.43	3.2%	1.9%
华融证券股份有限公司	102	7,853,383.31	18,263.68	3.1%	6.0%
金鹰基金管理有限公司	99	3,158,717.72	31,906.24	3.0%	2.4%
博时基金管理有限公司	98	3,084,594.49	31,475.45	3.0%	2.4%
平安大华基金管理有限公司	94	3,698,957.94	39,350.62	2.8%	2.8%
兴全基金管理有限公司	80	1,956,996.02	24,462.45	2.4%	1.5%

数据来源：WIND

随着减持新规的出台，由于股票无法实时变现，定增基金的估值和赎回处理成为基金公司面临的一大难题。基金业协会出台了关于流通受限股票估值的指引，在考虑股票历史波动率和限售因素的基础上进行估值。

（1）定增基金是时代热潮的产物，全市场定增基金鼎盛时期规模超过 400 亿元，其中，大部分在 2016 年成立。成立之后净值并不理想，目前净值最低的基金已经跌破 0.7，定增基金又成为 2017 年的"收割机"。

（2）按照减持新规，定增解禁后 12 个月内减持不得超过 50%，对于打开赎回的定增基金来说，如果定增仓位占比过高，赎回比例过大，有可能出现仓位显著超标的状况。

（3）定增基金封闭期结束后，大部分都采取转型为 LOF（上市型开放式基金）。如 2017 年到期的定增基金悉数转型为 LOF。转型之后赎回比例基本都超过了 50%，有些甚至赎回达到了 70% 以上。

（4）剩余存续期到期较长的定增基金出现了明显的折价，一方面是由于估值影响，对于未来估值折价的担忧，另一方面来自流动性的影响，成交量稀少。

（5）财通、九泰等专业参与定增的机构在定增基金投资方面有显著的优势，在投价过程中有明显的规模优势和协同效应。

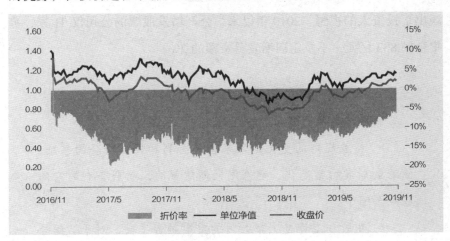

数据来源：WIND

图 5.34　XX 定增基金折价率走势图

表 5.21　到期转型定增基金申购赎回情况

证券简称	成立日	到期日	到期日份额（亿份）	赎回后份额（亿份）
财通多策略	2016 年 3 月 9 日	2017 年 9 月 8 日	46.4	20.4
博时睿远	2016 年 4 月 15 日	2017 年 10 月 16 日	22.4	6.07
国投瑞银瑞盛	2016 年 5 月 25 日	2017 年 11 月 24 日	15.85	9.43
信诚鼎利定增	2016 年 5 月 24 日	2017 年 11 月 24 日	12.17	3.47
国泰融丰	2016 年 5 月 26 日	2017 年 11 月 24 日	11.16	7.62
招商增荣	2016 年 6 月 3 日	2017 年 12 月 1 日	12.11	4.31
博时睿利	2016 年 5 月 31 日	2017 年 12 月 1 日	6.71	1.47
博时睿益	2016 年 8 月 19 日	2018 年 2 月 19 日	6.84	3.29

数据来源：WIND

公开增发与定向增发的区别在于，一是面向全市场公开募集，价格按照市价确定，没有一般定向增发的价格保护；二是获配对象不限于特定的 10 家以内。因此，在 2013 年之前，公开增发是债券型，尤其是一级债券型基金参与股票投资的重要途径。但是随着定向增发参与度上升、价格可控性强等因素影响，公开增发的数量显著下降，而且也逐渐淡出了投资人的视野。2010 年以来，公开增发股票的公司仅 31 家，募集金额 833 亿元，不及定向增发募资额的 2%。

新股与再融资要点小结

▶ 新股规则的变化是带来新股套利和投资机会的基础，随着新股发行常态化、堰塞湖问题的解决，新股套利的空间在逐渐缩小。

▶ 新股、定增是上市公司的重要融资手段，对于"摇号式"中签的新股投资，贵在持久，薄利多投，而对于"大宗式"的定增，随着减持等各项规定的出台，空间越来越小。

▶ 新股、定增只是改变了股票投资的形式，但是股票投资的实质和宗旨并未发生改变，价值判断仍然是参与新股和定增投资的基础。

第 6 章

低风险
产品面面观

O

CHAPTER 6

低风险产品需求的产生本质上是由于在投资过程中银行理财产品、信托产品等产品承诺收益，"买者自负"和"刚性兑付"原则没有得到体现。

在基金销售过程中，我们发现低风险产品是客户的基本诉求。投资者主要分为三类：一是保本保收益需求，将产品收益与同期理财进行对比；二是能够保本，收益方面可以接受一定比例股票投资；三是可以承受市场波动的投资者。往往我们发现，第三类投资者很多会选择自己进行投资或者自己选择配置方向，前两类投资者成为基金的主要客户群体。

低风险产品需求的产生本质上是由于在投资过程中银行理财产品、信托产品等产品承诺收益，"买者自负"和"刚性兑付"原则没有得到体现。

随着理财产品和信托产品规模的不断膨胀，经济下行压力加大，其背后对应的贷款类或债券资产出现部分兑付风险，信托和银行的刚性兑付压力也越来越大，如天津钢铁集团亏损导致多家信托公司产品无法到期兑付等。债券市场也并不太平，2017年以来，已经有十余家发行人发生到期偿付风险，其中富贵鸟等企业资产负债率过高，企业实际偿付本息的可能性很小，受此影响，部分债券基金也出现净值大幅下跌的状况，信用风险从原来意义上的小概率事件和"别人家的风险"逐渐变成了资产管理必须面临的核心问题。长此下去，资产管理机构不可能无限制地垫付，风险提示在销售过程中提出了很高的要求。

2018年4月27日，中国人民银行等发布了《关于规范金融机构资产管理业务的指导意见》，其中指出"金融机构开展资产管理业务时不得承诺保本保收益，出现兑付困难时，金融机构不得以任何形式垫资兑付"。在现实操作过程中出现了两个问题：

（1）银行理财产品规模数十万亿，银行客户长期形成了理财是安全的，理财收益是由银行保证的概念，约定收益理财转换为净值型理财非常困难，信托产品亦是如此。

（2）2012年之后结构化产品的盛行，很多产品的优先级享有固定收益，这些结构化产品的优先级如果引入"同涨同跌"条款，产品销售将成为严峻的问题。

新规出台后，低风险成为一种奢求，客户也很难寻找到真正意义上完全"低风险"的产品，那客户在投资过程中如何根据自己的风险偏好选择相对低风险的产品？由于金融产品错综复杂，品种各不相同，哪些产品风险相对较小？这成为投资过程中必须面对的一个问题。

第1节
低风险产品的分类与风险等级

表6.1 低风险产品分类及风险等级

产品类别	净值计算方式	无法保本风险	风险定义依据
货币基金	摊余成本法	很低	期限短、评级高
银行结构化存款	嵌入期权	很低	通过期权+的方式约定客户的收益区间
银行理财	逐步转变净值法	低	银行信用准入严格
信托计划	约定收益	中低	抵质押措施完备
纯利率债基金	净值法	低	信用风险很低
混合/信用债基金	净值法	中低	
分级A	净值法，交易波动	中低	劣后端为优先级客户提供一定的本金保障安排

一、货币基金

目前货币基金主要采用"摊余成本法"估值，摊余成本法是指估值对象以买入成本列示，按照票面利率或商定利率并考虑其买入时的溢价与折价，在其剩余期限内平均摊销，每日计提收益。

摊余成本法是相对于净值法而言的，具有收益相对稳定、波动率较低的特征。衡量货币基金的主要指标是万份收益和7日年化收益率。一般而言，万份收益越稳定、7日年化收益率相对越高，货币基金的投资价值越高。如图6.1，从半年时间来看，二者收益率相差无几，但是从收益率波动来看，货币基金B显然波动性更小。因此，对于短期做波段的投资者，可以考虑波动性大的货币基金，把握投资节奏，但是从长期持有的角度看，货币基金 B 是更稳妥的选择。

基金规模的稳定性对于货币基金的影响是很大的，因此，限制大额申购的货币基金往往收益率表现要好于不限购的货币基金。

对于投资者而言，货币基金的长期持有收益率要低于银行理财 50bp ~ 80bp（0.5% ~ 0.8%），因此，我们建议客户投资货币基金的比例不应当超过 30%，只要能够满足日常支出和流动性需要即可。

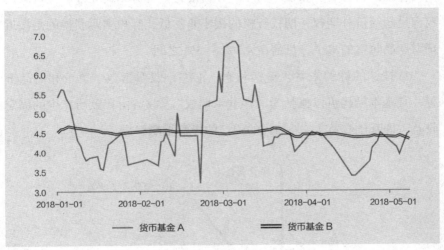

数据来源：WIND

图 6.1 货币基金 7 日年化收益率比较

货币基金短期内存在收益率差异，但是从半年乃至一年来看，货币基金收益率差异很小，大部分货币基金的收益率差距在 0.2% 以内。

为了降低货币基金的流动性压力，监管机构对于货币基金 T+0 取现金额进行了规定，从 2018 年 7 月 1 日起，客户 T+0 实时取现金额限制为 1 万元，而且不可以由基金公司自身垫付。在 T+0 实时赎回受限制后，货币基金 T+1 赎回无法保证上午到账，因此对于货币基金的灵活性会产生一定的影响。

二、结构化存款

结构化存款本质上还是存款，但相比于普通存款，最大特征是其利息与挂钩标的物的收益表现相关，因而其利息是浮动的，需要承担一定的风险。伴随着资管新规的出台，理财净值化成为一种趋势，银行为了吸收稳定负债，结构化存款的发行规模和市场占比不断提高。

考虑到对标资产收益率的差异，目前绝大部分结构化存款挂钩的期权都是超级价外期权，期权行权的概率非常低，客户实际获得的是接近理财产品收益的水平，目前在 4.5% ~ 5% 之间。

从挂钩的标的来看，包括利率、汇率、股票指数、黄金和商品等等，其基本结构可以概括为"存款 + 期权"。收益由存款所产生的固定收益（即基础收益），外加标的资产的投资报酬组成。

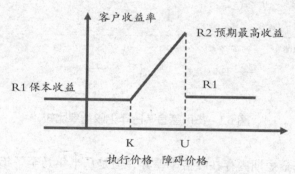

图 6.2　结构化存款收益结构示意图

表 6.2　银行两年期人民币结构性存款产品的对比

XX 银行 ——两年期人民币结构性存款产品 016 款	XX 银行 ——两年期人民币结构性存款产品 018 款
投资期限：2 年	投资期限：2 年
产品风险水平：2（到期 100% 本金保障）	产品风险水平：2（到期 100% 本金保障）
挂钩标的：单只指数 – 恒生中国企业指数	挂钩标的：单只指数 – 恒生中国企业指数
触发水平：120%	上限触发水平：120%

XX 银行 ——两年期人民币结构性存款产品 016 款	XX 银行 ——两年期人民币结构性存款产品 018 款
触发票息：7.5% 参与率：110% 销售期：2019.11.18—2019.11.25 销售渠道：我行所有境内分支行、手机银行及网上银行开放销售 最低投资本金：20 万元人民币 （本产品是保本浮动收益投资产品，有投资风险，只保障资金本金，不保证投资收益）	下限触发水平：75% 触发票息：2% 参与率：100% 销售期：2019.11.18—2019.11.25 销售渠道：我行所有境内分支行、手机银行及网上银行开放销售 最低投资本金：20 万元人民币 （本产品是保本浮动收益投资产品，有投资风险，只保障资金本金，不保证投资收益）

三、利率债基金

利率债基金最初以 7 ~ 10 年、3 ~ 5 年利率债品种为主，2018 年以来，由于公募基金避税作用等因素影响，利率债基金大幅扩容，尤其是 1 ~ 3 年期利率债呈现井喷式增长。总体来看，这一类基金的信用风险很低，但是根据期限不同，存在一定的久期波动风险。因此，这一类基金更适合具有一定债券基础知识，做债券波段操作的投资者。

表 6.3 目前金融债利率债基金状况表

初始交易日	2014 年 9 月 15 日	结束交易日	2015 年 7 月 15 日
涨跌幅	−22.88%	最高价	78.76
涨跌幅	−4.58%	最低价	14.42
开盘价	19.91	收盘价	15.44
均价	27.91	振幅	321.38%

从图 6.3 可以看出，尽管利率债基金的信用风险很低，但是久期较长的利率债基金，净值波动的幅度仍然很大。该基金成立之后，净值最低曾经下跌到 0.92，然后才逐步回升。对于很多低风险投资者来说，年

化收益 -8% 并不是一个好消息。

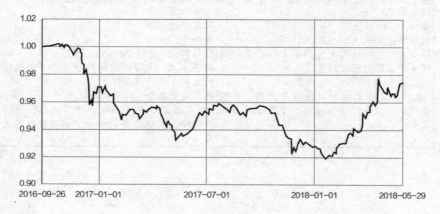

数据来源：WIND

图 6.3　7 ~ 10 年国开债基金净值走势图

四、信托计划

信托计划曾经是普通投资者的不二选择，动辄 8% ~ 10% 的年化收益率，成为被秒杀的对象。对很多银行机构来说，优质的信托计划是巩固高净值人群群体、提高客户忠诚度的重要营销手段，因此很多信托计划都是限额发售，瞬间募集完成。

表 6.4　某信托产品的基本情况

产品名称	×× 信托－丰盈 1 号集合资金信托计划			
信托规模	2 亿元			
信托期限	24 个月			
交易对手	×× 市 ×× 房地产有限公司			
资金投向	用于 ×× 房地产公司 ×× 项目开发费用支付			
认购起点	100 万（含）	300 万（含）	600 万（含）	1000 万（含）
年化收益	8.4%	8.8%	9.0%	9.2%
风控措施	√保证担保 房地产公司及股东提供连带责任保证担保 √抵押担保 房地产公司以 ×× 地块评估价值 8 亿元为本信托提供担保 √质押担保 某股东以持有全部股权提供质押担保			

但是普通投资者对于信托计划需要关注以下几个方面的风险：

（1）信托计划银行销售机构并没有代偿义务或者保本义务。很多客户认为，信托计划是银行客户经理推荐、在银行网点销售和签约，银行理应保证本息。但是，信托计划说明书中有明确的表述。

（2）信托计划的实际投资标的可能是信托贷款或其他类贷款性质的资产，交易主体的信用风险是该计划面临的最大风险。2019 年上半年已有 23 款政信产品无法按时偿还贷款本息而违约，相当于 2018 年全年的总和。

（3）由于交易主体无法偿付贷款所造成的风险和本金损失，信托公司、保管人均没有刚性兑付的义务，信托计划投资人应当承担相应的损失。

（4）信托计划违约之后，对应抵质押资产的手续完备性和拍卖清算进度，直接决定了信托投资人投资款的回收金额和比例。

很多信托计划在销售过程中包装成"类保本""低风险、高收益"特征的产品，投资人不具备风险识别和判断能力，从而产生了一些纠纷。随着"买者自负"理念深入人心，对于信托计划风险的理解也将会不断深化。

📄 案 例 6.1 　　　　　　　　　　　　　　　　　　　C A S E

信托计划延期兑付

事件：

（1）2017 年 12 月 15 日，中融—嘉润 31 号集合资金信托计划到期，现金类信托资产不足以支付信托税费和未分配收益。云南省国有资本运营有限公司未能按期偿还全部信托贷款本息。截至 2018 年 1 月 10 日，仍然未能足额偿付信托贷款。

（2）2018 年 1 月 15 日，云南国有资本和中融信托发布联合说明，对中融—嘉润 30 号、31 号兑付安排说明，最迟 1 月 16 日支付到信托资产账户。

点评：

（1）随着金融去杠杆的推进，前期部分高杠杆企业通过银行贷款、信托计划、债券等方式募集的资金在到期偿付时存在或多或少的困难，尤其新增融资来源受到制约之后，部分企业存在"断炊"的风险。

（2）银行发行信托计划习惯了标定收益、按期兑付，但是延期兑付、无力兑付的情况将来一定会出现，打破刚兑也是行业发展的必然。如何做好客户沟通，让客户理解信托计划"买者自负"的基本原则成了最困难也是最关键的一个问题。

五、分级 A

分级 A 是一个比较特殊的品种，在交易所由于结构化基金的发行，产生了分级 A 和分级 B 等产品。分级 A 为基金份额优先级，分级 B 为基金份额劣后级。分级 A 的收益按照期间约定收益率计算，基金净值涨跌带来的波动由分级 B 投资者承担。

按照资管新规的要求，传统意义上分级基金不再发行，新的分级基金要求 A、B 投资者风险共担、收益共享，但是对于低风险投资者来说，这种结构安排弱化了分级 A 安全保证的属性，因此销售难度也会加大。

需要关注的是，除投资者认购的分级 A 份额之外，上市交易的分级 A 份额是存在折价/溢价的变动的，折溢价直接影响到分级 A 的持有到期收益率。普通投资者由于对分级 A 重定价期限、到期收益率情况不甚了解，容易造成一定的短期投资损失。

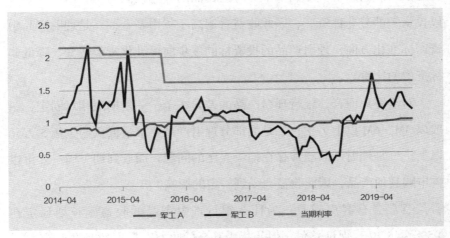

图 6.4　分级基金净值走势图

从图 6.4 我们可以看出：（1）分级基金 A 的净值不是一成不变的，一方面，由于当期约定利率变化会带来净值变化，另一方面，由于受到市场收益率波动的影响，对应的净值也会发生变动；（2）对于普通投资者来说，理解分级基金上折、下折是比较困难的，但是折算条款对分级 A 的净值影响是巨大的，这超过了收益率变动所带来的变化；（3）伴随着分级基金规模的缩小，分级 A 的规模也不断缩水，而且由于买卖价差较大、折溢价波动增加，也淡出了普通投资者投资的视野。

六、银行理财产品

目前银行理财产品仍然是个人客户闲散资金投资的首选，银行理财产品在低风险产品中的占比超过了 50%。但是，在资管新规中，对银行理财产品提出了几点方向性的要求：一是逐步推进净值化，降低约定收益理财产品的比重。之前大部分理财产品的收益是固定的，由于其中可以投资一部分非标资产，因此收益普遍高于货币基金；二是理财产品中资产标准化方向，理财产品的投资标的逐步向标准化资产转变，降低非标资产的比重。

对于客户而言，银行理财产品的差异在于，一是期限相对固定，一般以 3M、6M 以上为主；二是大部分理财产品要求最低认购金额 5 万元以上；三是理财产品经常存在掐头去尾的问题，周五到期、周一才可以再申购其他产品，因此收益会受到一定的影响。

经常会有客户问及，为什么银行理财产品的收益率长期稳定在 4.5% ~ 5.2%，保证兑付，但是货币基金的收益率最高的时候也就 4.5% 左右，目前甚至下滑到 3.5% 附近？主要是银行理财产品可以配置一部分高收益的非标资产，通过滚动运作的方式增厚了组合收益。目前去杠杆过程中，尤其要关注一些小银行的银行理财由于续发规模不达预期带来的风险。从中长期来看，产品净值化、降低非标资产配置比重也是银行理财产品的发展方向，同期限的产品业绩比较差异将会逐渐收窄。

第 2 节
理财产品面面观

我们在购买食用油的时候，往往被各种标签所混淆。最简单的转基因、非转基因大家如果还算熟悉的话，现在油的品种不断增加，菜籽油、茶树油、橄榄油、玉米油等等，哪种是不饱和脂肪酸？哪种是调和油？有些写着"XX 香"，而实际上 XX 占比可能仅仅 3% 甚至更低，所谓的"香"只是一个噱头。

对于千差万别的银行理财产品和基金产品来说也是如此，经过 20 年的发展，信托公司的信托计划因为曾经的"刚兑"属性被客户所了解，银行的定期理财也因为收益保证被客户所接受。但是资管新规出台后，一切的"刚兑"成为违规，一切的"保证收益"成为幻影。如何面对新时代的理财？到底有哪些可以识别的标签我们需要注意？

1. 基准收益率

一般的产品有一个业绩比较基准，宣传中列示基准收益率作为参考，但是实际上基准是一个客观的数字，投资经理能否达到基准完全是个未知数。打个比方来说，这个学期考生要求达到前 20 名，第 20 名就是一个基准，但是能不能考到前 20 名要看考生的造化了。一般而言，基准收益率根据组合投资标的比例确定，但是由于投资经理风格差异大，也会出现投资业绩与比较基准偏离的情形。

2. 预期收益率

按照监管的要求，所有预期收益率均涉嫌存在刚兑或者承诺的属性，因此这种描述都是违规的，任何口头或书面的预期收益率、约定收益率都是不能保证的。

按照资管新规要求，理财产品的销售文本中只能登载该产品或同类产品过往平均、最好、最差业绩，并以醒目文字提醒投资者："理财产品过往业绩不代表其未来表现，不等于理财产品实际收益，投资需谨慎。"

3. 保本保收益

在银行销售过程中，最吸引客户，也是最容易达成销售目标的宣传就是保本保收益，或者本金安全，收益有下限、无上限之类的宣传口径。按照两会一位代表的发言来说，"市场上 6% 以上收益的产品都是骗人的"，虽然这话说得有点绝对，但是的确要在收益面前给自己提个醒。

这些都不行，那应该选择哪些产品投资呢？现在所有的产品都是净值型产品，如何选择买得放心、持有安心的产品呢？应该注意以下几个方面：

第一，流动性管理产品，货币基金是首选。

货币基金是少有的仍然可以沿用摊余成本法的产品，货币基金有基金公司的风险准备金作为保证，而且 T+1 到账，资金安全性有托管行的独立托管作为保障。

第二，定期产品按预期收益从低到高进行选择。

（1）交易所逆回购，对于很多做股票交易的客户来说，交易所出资金是很好的一个选择，目前逆回购利率长期稳定在 2.5% ~ 3.5% 之间，第二天资金可用，是个不错的选择。

（2）储蓄式国债，目前 3 年收益率 4%，5 年 4.2% ~ 4.3% 之间，虽然收益率看起来低了一些，但是安全有保证，有些还可以做质押融资或者提前取款降档计息等约定。

（3）理财型基金，目前市场上以华安为代表的理财型基金收益率比货币基金高 0.3% ~ 0.7%，对于原来购买银行理财的客户来说是一个很好的替代产品。

（4）银行结构化存款，这是为了减少净值化理财的冲击，银行最近增量较大的存款类别，收益率一般能到 4.5% ~ 4.7%，也是个不错的选择。

（5）摊余成本法基金，目前市场上摊余成本法（非货币）基金期限从 1 年到 7 年不等，该类基金收益相对确定，净值波动小，符合了净值化时代银行理财产品的替代需求，受到银行理财产品和银行自营资金的追捧，也成为 2019 年公募基金的爆款产品。

第 3 节
杠杆，双刃剑

　　过去五年，杠杆这个词从无到有，蓬勃发展，对于很多投资者来说，也接触到越来越多的杠杆。我们从几个角度梳理了不同类型的"杠杆"，并试图分析金融去杠杆及其宏观影响。

　　简单地说，杠杆就是利用不属于自己的资金进行投资获取收益，从我们身边借钱买房、借钱炒股，到公司举债并购、借钱补充流动资金等等，这些都是杠杆的具体表现。杠杆的表述方式也不尽相同，企业和居民融资一般称为财务杠杆，宏观经济的各大部门称为部门杠杆率，而近几年新兴的结构化配资、结构化产品等都属于结构性杠杆，本质上也是一种产品结构所体现的财务杠杆。

　　杠杆的收益显而易见。比如小明有 50 万元，从银行贷款 150 万元，购买一个价值 200 万元的房子。一年后房价上涨 50%，值 300 万元，则小明赚了 100 万元，对于自有资金来说收益率是 200%。而如果小明不从银行借钱，全部 200 万元是自有资金，则收益率为 50%。因为利用了财务杠杆，小明自有资金的收益率显著提升。对应到上市公司来说就是 ROE 和 ROA 的差异，体现了企业运用杠杆的程度。

一、不同部门的杠杆率选择

1.宏观经济杠杆的构成

在宏观经济中，可以区分为政府部门、企业部门、居民部门，宏观杠杆率是指企业部门、政府部门、居民债务余额与 GDP 的比重。2012 年以来，我国杠杆率水平增长较快，年均提高 13.5 个百分点，其中企业部门杠杆率处于较高水平。如表 6.5 所示：

表 6.5　社会各部门杠杆率情况

	企业部门	政府部门	居民部门
2012 ~ 2016 年	8.3%	1.1%	4.1%
2017 年	−0.7%	−0.5%	4%
杠杆率水平	159%	36.2%	55.1%

2017 年开始，杠杆率水平开始发生结构性变化，居民部门杠杆率仍然保持不断上升的格局，从 2010 年的 30% 上升到 2016 年的 50% 以上，主要是房地产火爆带来居民住房贷款大幅增加所致，企业部门和政府部门有所下降，与供给侧改革和结构性信贷政策有一定关系。

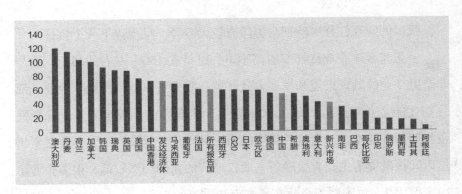

图 6.5　主要国家居民杠杆率对比

与实体部门杠杆上升速度有所放缓形成对比的是，金融部门仍然在较高的杠杆水平，2016年，金融部门杠杆率仍然在128%，主要是公开市场操作、央行投放货币，同时同业存单总量迅速增长，涨幅也相当惊人，从2010年的70%提高到2016年的128%。

2. 杠杆形成的成因与方式

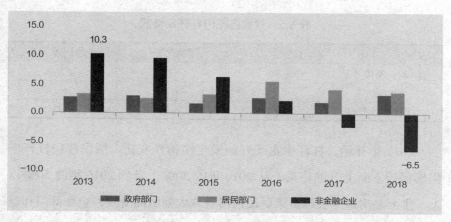

图 6.6　国内分部门杠杆率逐年环比变化情况

我国的宏观杠杆率特征与美国有较大差异，呈现以下几个特征。

一是非金融企业杠杆率居高不下，维持在150%左右的高位，这与非金融企业的融资渠道和发展方式有关，我们可以看到房地产企业、部分高耗能企业资产负债率在80%以上，企业经营性现金流不能完全覆盖到期债务成本。产生这种状况的历史原因比较复杂：（1）企业融资仍然以间接融资为主，直接融资、股权融资的比例仍然较低，很多企业市净率低于1，也限制了企业在资本市场融资的空间；（2）2013年、2014年影子银行和疯狂圈地，包括信托、基金子公司等多种方式的债务融资使得杠杆率水平迅速抬升，2013 年，非金融企业杠杆率提升 10.3 个百分点；（3）2016 年之后，伴随着去杠杆的过程，非金融企业的杠杆率有所下降，从主动降杠杆的角度来说，钢铁、煤炭等上游企业在供给侧改革的红利带动下，杠杆率有所下降，从被动的角度来说，规范和限制信托与房地产企业的合作、多种途径推动降杠杆也起到了一定的作用。

二是居民杠杆率水平总体适中，但是近几年来持续提升。（1）90 后新生代消费习惯的改变，有统计表明，花呗、借呗、小额贷款的主力人群是 90 后，90 后先花钱后挣钱的观念逐渐影响了全民消费杠杆。（2）2014 ~ 2015 年房地产去库存过程中，伴随房价的上涨，不排除部分居民通过消费贷款、循环贷款、加按揭等方式提高了居民地产消费的杠杆率水平，可以看到的是，目前 30 ~ 45 岁人群中，平均月供水平、月供 / 收入的比重都在显著抬升。（3）分期和消费刺激、消费补贴政策的出台。

尽管微观数据来看，居民部门杠杆率 60% 左右，与发达国家的平均水平还有相当距离，而且也有研究表明，由于国内之前储蓄率一直较高，杠杆率的抬升并没有对总体储蓄形成大的影响。但是，伴随着老龄化时代的到来，中国年均新增人口降到 500 万人，在不久的将来，新增人口有可能转负，居民杠杆率水平过高会一定程度上影响代际公平。居民杠杆结构优化，目前居民杠杆率主要还是体现在以房地产为主，这与西方国家相比有明显差异，由于房地产消费相对长期、债务负担的持续性强，如何适当降低不动产消费比重也是需要探讨的问题。

三是政府杠杆率较低，未来政府杠杆率将是新的经济推动力量。与其他两种杠杆的变化趋势不同的是，政府杠杆率水平受政策影响比较大。从 2018 年开始，伴随稳健货币 + 积极财政政策组合的推出，政府赤字率、专项债可以作为资本金等都会推动政府杠杆率缓慢抬升。

3. 未来去杠杆的路径选择

加杠杆容易去杠杆难，如何降低宏观杠杆率成了摆在政府面前的一道难题。我们可以看到，政府非常重视宏观杠杆率变化对经济稳定性的影响，并着力推进稳杠杆与降杠杆，化解杠杆可能产生的金融风险。

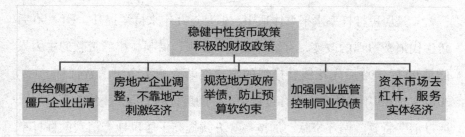

图 6.7　稳健中性货币政策的基本及情况

（1）稳健中性的货币政策中，隐含着滴灌式宽松。一方面，需要降低杠杆率；另一方面，又要降低社会融资成本，解决小微企业融资难、融资贵的问题，释放经济的活力。央行的货币政策"定向"特征日渐明显，既要防止大水漫灌带来的货币宽松，又要能够实现对于小微企业的精准支持。

（2）供给侧改革和僵尸企业的出清。企业部门杠杆率居高不下，很重要的原因来自经济扩张过程中，部分过剩产能企业没有真正减下去，背着高负债率负重前行。供给侧改革从煤炭、有色、钢铁等重污染行业入手。一方面，让无效产能和僵尸企业退出市场；另一方面，通过债转股、加大直接融资等多种方式让运转正常、生产效率较高的企业放下包袱，轻装前进。

（3）房地产行业的花式调控。土地和信贷是调控房地产的两大闸门，过去的十几年中，房地产越调越涨，不断加码，然而成效并不明显。从 2014 年开始，为了降低房地产行业库存，房贷利率打折、利息成本明显下降，部分城市房价涨幅超过 40%。随后的 2016 ~ 2018 年，全国各个城市尽管调控措施不断，从限购、限售、限贷、限价层出不穷，部分城市为了缓解财政压力，加大了引进人才的措施。总体来看，房价大幅上涨的势头得到了遏制，但是日光盘等现象级抢购仍然存在。

（4）地方政府举债约束。为了防止地方财务预算软约束和通过地方政府平台无序融资的状况，中央财政通过约束地方债发行额度、高成本负债置换、地方融资平台与财政脱钩等方式加强地方预算控制，但是如何化解地方政府债务难题仍然是一个重要的变量。

（5）加强同业存单和金融部门杠杆监管。2015 年开始，中小银行通过发行同业存单、增加同业负债、赚取债券息差收益等多种方式扩张规模，随着同业存单额度限制，部分小银行弯道超车不再持续，但是部分高负债中小机构如何化解金融杠杆，实现常规化发展也是一个问题。以包商银行被托管为标志，银行的法治化、制度化市场整合与出清也提上了日程。

（6）场外股权质押和股票质押清理。证券监管部门对于大股东股票质押、场外股权质押等变相融资进行规范，一定程度上降低资本市场的中长期风险。

4. 监管方向与政策

2017 年 4 月，银监会连续发布 7 个文件，剑指包括"四不当""三套利"在内的通道业务等，拉开了金融业去杠杆的大幕。过去的一年多时间里，"去杠杆"成为政策和监管的主基调。银行、信托、券商、基金无不感觉到了阵阵寒意。

表 6.6　银监会发布文件列表

时间	文件名称
2017 年 3 月 28 日	《关于开展银行业"违法、违规、违章"行为专项治理工作的通知》（45 号文）
2017 年 3 月 28 日	《关于开展银行业"监管套利、空转套利、关联套利"专项治理工作的通知》（46 号文）
2017 年 4 月 7 日	《关于提升银行业服务实体经济质效的指导意见》（4 号文）
2017 年 4 月 7 日	《关于集中开展银行业市场乱象整治工作的通知》（5 号文）
2017 年 4 月 7 日	《关于银行业风险防控工作的指导意见》（6 号文）
2017 年 4 月 6 日	《关于开展银行业"不当创新、不当交易、不当激励、不当收费"专项治理工作的通知》（53 号文）
2017 年 4 月 10 日	《关于切实弥补监管短板提升监管效能的通知》（7 号文）

二、金融市场的杠杆演进

在资本市场上，杠杆及其类型的产品纷繁复杂，合理运用杠杆可以强化收益，但是如果应用不当，可能导致损失无法控制。表 6.7 列示了主要的一些结构化方式，随着资管新规和监管政策的变化，有些方式已经不断地减少乃至消失。但是，从 2014 年开始，这些品种有些给持有人带来了超乎想象的高收益，而下跌过程中，也成为市场下跌踩踏的导火索。

表 6.7　部分结构化方式列表

类型	类属	特征	处理方式
分级基金	基金	下跌杠杆加大，越跌越快，上涨杠杆降低，越涨越慢	不再新发
融资融券	券商业务	标的为两融股票，融资成本较高，一般期限较短	合理规范，堵住漏洞
结构化配资	基金、信托、券商	相对固定期限，优先资金主要来自银行	严格限制比例
场外期权	券商、资管、私募	成本相对较高，期限可选，成本金额相对固定，提供上行杠杆或下行保护	严格券商资格管理
员工持股计划	信托、基金	通过员工出资或配资方式增持公司股票，是一种融资手段，也是一种员工激励方式	规范发展

📄 **案 例 6.2**　　　　　　　　　　　　　　C A S E

凯迪生态员工持股计划违约

案例概述：

（1）2017 年，凯迪生态推出员工持股计划，参与人是上市公司 15 名高管和 1000 名以内员工，总资金 4 亿元。

（2）信托方设立集合资金信托，全额认购次级份额。浦发银行宁波分行为优先受益人，员工为一般受益人，比例为 2 ∶ 1，优先份额收益率 7%。上市公司控股股东为优先份额权益提供担保。

（3）2017 年 5 月陆续买入，成交金额 3.92 亿元，占公司总股本 1.82%，锁定期 12 个月。

（4）2018 年 4 月 23 日，信托单位净值 0.8633，小于预警线 0.9。但是阳光凯迪没有按照约定时间补仓。

（5）2018 年 6 月 14 日，凯迪生态披露了《关于员工持股计划一般受益人份额丧失的公告》，公司员工持股计划单位净值低于预警线，按规定大股东阳光凯迪需要补仓，但是在大股东迟迟不采取补仓措施及增信措施的情况下，公司员工持股计划依规自动丧失份额。

点评：

（1）员工持股计划作为企业向员工融资的一种方式，同时也可以带动员工对于企业的认同和工作积极性。但是员工持股计划通过结构化信托方式运作，本身就隐含了一定的风险。

（2）结构化信托不补仓，直接导致员工的投入完全损失，这对于本来已欠薪很久的员工来说无异于雪上加霜。

（3）凯迪生态是第一例员工持股爆仓的案例，也提醒每一个投资人，"员工持股"并不意味着股票一定会涨，也隐含着巨大的风险。

（4）2015 年之后，随着股市上涨，很多的上市公司通过员工持股计划、结构化配资等方式增持自身股份，有些上市公司大股东股票质押比例超过了 70%，在下跌过程中，这些产品都很容易引发平仓风险，从而带来股票的持续杀跌。

📖 案 例 6.3　　　　　　　　　　　　　　　C A S E

可转债分级基金下折

案例概述：

（1）2015 年 7 月 6 日，招商转债进取 B 涨停，7 月 7 日参考净值 0.317，达到不定期折算阈值 0.45 元以下，以 7 月 8 日作为基准日进行不定期份额折算。7 月 6 日买入转债 B 的投资者，7 月 8 日亏损超过 80%。

（2）原因在于 2015 年 6 月 15 日开始大盘急剧下跌，14 个交易日主要股指跌幅超过 20%，中证 500 下跌超过 35%，随之转债 B 净值杠杆不断增大，分级 B 净值快速下跌，迅速进入下折。

点评：

（1）下折是为了保护优先级投资者的利益，当 B 份额净值下跌到一定价格，按照公告约定下折条款，B 份额净值调整为 1 元，A 份额相应作出调整，多余的 A 份额以母基金的方式发放给持有人。下折之后，杠杆率会大幅降低，回复到初始的杠杆水平。

（2）转债 B 不是一般的基金，是具有结构化优先和劣后特征的产品，在指数下跌过程中，呈现越跌越快的特征，而且随着净值小于 1 之后，杠杆率 = 优先级单位净值 / 劣后级单位净值，因此杠杆率越来越高。

（3）在上涨过程中，转债B往往有一定的溢价，转债估值本身也有一定的溢价，但是在下折的时候，转债B按照净值折算，转债溢价率也不断收窄，因此投资者不仅损失的是转债B下跌的部分，还会损失B份额溢价和转债溢价，呈现三杀格局。

（4）2014年下半年，伴随蓝筹转债的行情，很多转债分级B份额连续上折，但是随之市场转向，刚上折完就面临下折的窘境。

（5）之后，监管部门对于指数B投资者进行了规范和约束，要求在柜台签署相关确认书，防止不了解产品的投资者盲目买入带来巨大损失。

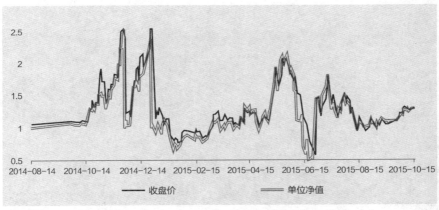

数据来源：WIND

图6.8　2014年8月~2015年10月招商转债进取上下折走势图

产品选择与风险识别

▶ 低风险可投资品种日益繁杂，收益风险结构差异很大，对于投资者而言，需要把握的一点在于"收益来源的确定性"，对于收益来源的判定可以直接影响产品的收益特征。

> ▶ 风险和收益永远是成正比的，没有零风险的超额收益，也没有免费的午餐。
>
> ▶ 在经济形势不明朗的今天，远离杠杆、降低风险敞口是每个投资者明智的选择。

附 录 1

关于避险策略基金的指导意见

为推动避险策略基金的平稳健康发展，保护基金份额持有人合法权益，根据《证券投资基金法》《合同法》《公开募集证券投资基金运作管理办法》等相关规定，制定本指导意见。

一、本指导意见所称避险策略基金，是指通过一定的避险投资策略进行运作，同时引入相关保障机制，以在避险策略周期到期时，力求避免基金份额持有人投资本金出现亏损的公开募集证券投资基金。

前款所指相关保障机制包括：

（一）基金管理人与符合条件的保障义务人签订风险买断合同，约定由基金管理人向保障义务人支付费用，保障义务人在避险策略基金到期出现基金份额净值低于基金合同约定的投资本金情形时，负责向基金份额持有人补足差额。

基金管理人不对基金份额持有人承担差额补足责任，保障义务人在向基金份额持有人补足差额后，无权利向基金管理人追偿。

（二）经中国证监会认可的其他保障机制。

二、避险策略基金应当在基金合同、招募说明书等法律文件中约定基金份额持有人投资本金的计算方法。

三、基金管理人应当在基金合同、招募说明书及宣传推介材料中充分揭示避险策略基金的风险，同时说明引入保障机制并不必然确保投资者投资本金的安全，基金份额持有人在极端情况下仍然存在本金损失的风险。

基金管理人应当在基金合同、招募说明书及宣传推介材料中清晰易懂地向基金份额持有人说明相关保障机制的具体安排，并采用举例方式说明可能存在本金损失的极端情形。

四、避险策略基金在避险策略期间不得开放申购、转换转入。基金管理人应当在基金合同、招募说明书以及募集宣传推介材料中明确投资者在避险策略期间赎回、转换转出的基金份额是否可以获得差额补足保障，并对可能发生的损失进行特别风险揭示。

五、避险策略基金的基金合同、招募说明书中应当采用举例或其他形式简明扼要、清晰易懂地向基金份额持有人说明该基金的投资策略安排。

六、基金管理人应当建立健全风险管理体系，采取有效的风险管理措施，确保避险策略基金管理规模与风险控制水平和投资管理能力相适应，确保避险策略基金的投资策略有效执行。申请募集避险策略基金时，应当在申报材料中对投资策略相关风险控制制度建立及执行情况进行详细说明。

七、基金管理人应每日监控避险策略基金单位累计净值变动。避险策略基金单位累计净值低于避险策略周期到期日基金合同约定的投资本金超过 2%，或者连续 20 个交易日（建仓期除外）低于避险策略周期到期日基金合同约定的投资本金的，应当及时予以应对，审慎作出后续安排，并自发生之日起 3 日内向中国证监会及相关派出机构报告。

基金管理人应当每 3 个月开展避险策略基金压力测试，压力测试的相关指标和测试规则由中国证券投资基金业协会另行制定。

八、避险策略基金投资于各类金融工具的比例应当与该基金的投资目标、投资策略相匹配。

避险策略基金的投资策略应当符合以下审慎监管要求：

（一）避险策略基金投资于稳健资产不得低于基金资产净值的 80%，以获取稳定收益，尽力避免到期时投资本金出现亏损。稳健资产应为现金，剩余期限不超过剩余避险策略周期 1 年的银行存款、同业存单、债券回购、国债、地方政府债券、政策性金融债、中央银行票据、信用等级在 AAA（含）以上的债券、信用等级在 AAA（含）以上的非金融企业债务融资工具以及中国证监会认可的其他金融工具。

（二）稳健资产投资组合的平均剩余期限不得超过剩余避险策略周期。

（三）避险策略基金投资于具有基金托管人资格的同一商业银行的银行存款、同业存单占基金资产净值的比例合计不得超过 20%，投资于不具有基金托管人资格的同一商业银行的银行存款、同业存单占基金资产净值的比例合计不得超过 5%。

（四）稳健资产以外的资产为风险资产，基金管理人应当建立客观研究方法，审慎建立风险资产投资对象备选库，并采取适度分散的投资策略。

（五）基金管理人应当审慎确定风险资产的投资比例。

风险资产中，投资于权益类资产的，投资金额不得超过安全垫 3 倍，投资于可转换债券、可交换债券以及信用等级在 AA+ 以下的固定收益类资产的，投资金额不得超过安全垫 5 倍，投资于信用等级 AA+

（含）以上的固定收益类资产的，投资金额不得超过安全垫 10 倍。各类风险资产的投资金额除以各自倍数上限，加上买入上市期权支付的权利金，合计金额不得超过安全垫。因市场波动、基金规模变动等基金管理人之外的因素致使稳健资产、风险资产投资比例不符合要求的，基金管理人应当在 10 个交易日内进行调整。

安全垫是指基金资产净值减去避险策略周期到期日基金合同约定的投资本金的现值后的差额。基金管理人应当参照与剩余避险策略周期同期限利率债的利率确定贴现率。

九、基金管理人为证券公司（含资产管理子公司）的，对于管理的避险策略基金，应当按照合同约定的由保障义务人承担差额补足责任的金额的 12.5% 计算特定风险资本准备；其他基金管理人已经管理的避险策略基金中，由保障义务人承担差额补足责任的总金额不得超过基金管理人最近一年经审计的净资产的 8 倍。

十、符合以下审慎监管要求的商业银行、保险公司，可以担任避险策略基金的保障义务人：

（一）注册资本不低于 5 亿元；

（二）最近 1 年经审计的净资产不低于 20 亿元；

（三）为避险策略基金承担差额补足责任的金额和对外提供的担保资产规模合计不超过最近一年经审计的净资产的 10 倍；

（四）最近 3 年未受过重大处罚；

（五）中国证监会规定的其他要求。

十一、基金管理人在选择保障义务人时，应当对保障义务人进行审慎调查，科学合理对保障义务人进行信用评价。

十二、基金管理人在与保障义务人签订风险买断合同后，不得通过任何直接或间接方式作出由基金管理人承担差额补足责任的安排。

十三、风险买断合同应当作为避险策略基金的基金合同、招募说明书的附件，并随基金合同、招募说明书一同公告。

避险策略基金的基金合同、招募说明书应当约定，投资者购买基金份额的行为视为同意风险买断合同的约定。

十四、基金管理人与保障义务人签订风险买断合同的，避险策略基金到期出现基金份额净值低于基金合同约定的投资本金情形时，基金管理人可以代表基金份额持有人要求保障义务人履行差额补足责任。

十五、避险策略基金应当在基金合同、招募说明书中约定下列情形的处理方法：

（一）避险策略期间内，更换保障义务人的；

（二）避险策略期间内，保障义务人出现足以影响其差额补足能力的情形的；

（三）避险策略周期内，保障义务人出现不符合第十条规定的审慎监管要求的。

十六、风险买断合同中应当明确保障义务人应在第十五条第（二）、（三）款所列情形发生之日起 3 个工作日内，通知基金管理人和基金托管人。

基金管理人应当在得知本条前款所指情形之日起 3 个工作日内，按照基金合同的约定提出处理办法，并履行信息披露义务和报告义务。

十七、风险买断合同包括但不限于以下内容：

（一）为避险策略基金承担差额补足责任的总金额；

（二）承担差额补足责任的期间；

（三）承担差额补足责任的范围；

（四）风险买断费用的费率及支付方式；

（五）基金份额持有人要求补足差额的程序和方式；

（六）保障义务人在向基金份额持有人补足差额后，无权利向基金管理人追偿。

十八、避险策略基金的基金合同、招募说明书应当用单独的章节说明避险策略基金保障机制的相关内容，包括但不限于：

（一）保障义务人的名称、住所、营业范围等基本情况；

（二）保障义务人符合第十条规定的审慎监管要求的情况；

（三）风险买断合同的主要内容；

（四）风险买断费用的费率和支付方式；

（五）适用差额补足的情形和不适用差额补足的情形；

（六）避险策略基金到期的处理方案；

（七）保障义务人免除差额补足责任的情形；

（八）更换保障义务人的程序。

风险买断合同中对基金份额持有人利益有重大影响而未在基金合同、招募说明书中进行披露的条款，对基金份额持有人没有法律约束力；但是，基金份额持有人可以主张此类条款对基金管理人、保障义务人具有法律约束力。

十九、基金管理人应当在避险策略基金的基金合同中约定避险策略周期到期后的处理方案，转入下一个避险策略周期的，应当在基金合同中明确约定转入下一个避险策略周期的条件以及如何转入下一个避险策略周期。

避险策略基金到期后，符合合同约定的条件并转入下一个避险策略周期的，基金份额净值应当重新调整至 1.00 元。避险策略周期到期后，转为其他类型基金的，应当在基金合同中明确约定拟转换的其他类型基金的名称、费率、投资目标、投资范围、投资策略等区别于原避险策略基金的要素。

二十、除避险策略基金外，其他基金不得在基金合同、招募说明书等法律文件以及宣传推介材料中明示或采取谐音、联想等方式暗示可以对本金进行差额补足。

二十一、基金管理人申请注册避险策略基金，应当符合本指导意见要求。

本指导意见施行前已经成立的保本基金，按以下要求执行：

（一）不符合本指导意见第一条有关规定的，仍按基金合同的约定进行运作。但在保本周期到期后，应当按照本指导意见的要求对基金合同、招募说明书等文件进行修订，并履行相应程序，变更注册为避险策略基金；不按照本指导意见的要求进行修订的，应当转为其他类型的基金或予以清算。

（二）不符合本指导意见第八条第二款第（一）项的，不得增持不符合规定的资产；不符合本指导意见第八条第二款第（二）项的，不得增加稳健资产投资组合剩余期限；不符合本指导意见第八条第二款第（三）项的，不得增持不符合规定的银行存款、同业存单；不符合本指导意见第八条第二款第（五）项的，不得调高安全垫放大倍数上限。不符合上述条款的，在保本周期到期后，应当按照本指导意见的要求对基金合同、招募说明书等文件进行修订，并履行相应程序，变更注册为避险策略基金；不按照本指导意见的要求进行修订的，应当转为其他类型的基金或予以清算。

（三）不符合本指导意见第九条的，仍按基金合同的约定进行运作。但在保本周期到期后，应当符合本指导意见要求；不符合本指导意见要求的，应当转为其他类型的基金或予以清算。

（四）不符合本指导意见第十条的，仍按基金合同的约定进行运作。但在保本周期到期后，应当按照本指导意见的要求对基金合同、招募说明书等文件进行修订，并履行相应程序；不按照本指导意见的要求进行修订的，应当转为其他类型的基金或予以清算。

（五）不符合本指导意见第六条、第七条要求的，应当自本指导意见施行之日起参照执行。

本指导意见施行前已注册但尚未募集的保本基金，原合同内容不符合本指导意见的，应当在募集前修改并履行相应程序变更注册。

二十二、本指导意见第八条关于信用等级、剩余期限的确定，应当参照《关于实施〈货币市场基金监督管理办法〉有关问题的规定》（证监会公告〔2015〕30 号）。

二十三、本指导意见自公布之日起施行。《关于保本基金的指导意见》（证监会公告〔2010〕30 号）同时废止。

附 录 2

关于规范金融机构资产管理业务的指导意见

（中国人民银行、中国银行保险监督管理委员会、中国证券监督管理委员会、国家外汇管理局联合发布）

近年来，我国资产管理业务快速发展，在满足居民和企业投融资需求、改善社会融资结构等方面发挥了积极作用，但也存在部分业务发展不规范、多层嵌套、刚性兑付、规避金融监管和宏观调控等问题。按照党中央、国务院决策部署，为规范金融机构资产管理业务，统一同类资产管理产品监管标准，有效防控金融风险，引导社会资金流向实体经济，更好地支持经济结构调整和转型升级，经国务院同意，现提出以下意见：

一、规范金融机构资产管理业务主要遵循以下原则：

（一）坚持严控风险的底线思维。把防范和化解资产管理业务风险放到更加重要的位置，减少存量风险，严防增量风险。

（二）坚持服务实体经济的根本目标。既充分发挥资产管理业务功能，切实服务实体经济投融资需求，又严格规范引导，避免资金脱实向虚在金融体系内部自我循环，防止产品过于复杂，加剧风险跨行业、跨市场、跨区域传递。

（三）坚持宏观审慎管理与微观审慎监管相结合、机构监管与功能监管相结合的监管理念。实现对各类机构开展资产管理业务的全面、统一覆盖，采取有效监管措施，加强金融消费者权益保护。

（四）坚持有的放矢的问题导向。重点针对资产管理业务的多层嵌套、杠杆不清、套利严重、投机频繁等问题，设定统一的标准规制，同时对金融创新坚持趋利避害、一分为二，留出发展空间。

（五）坚持积极稳妥审慎推进。正确处理改革、发展、稳定关系，坚持防范风险与有序规范相结合，在下决心处置风险的同时，充分考虑市场承受能力，合理设置过渡期，把握好工作的次序、节奏、力度，加强市场沟通，有效引导市场预期。

二、资产管理业务是指银行、信托、证券、基金、期货、保险资产管理机构、金融资产投资公司等金融机构接受投资者委托，对受托的投资者财产进行投资和管理的金融服务。金融机构为委托人利益履行诚实信用、勤勉尽责义务并收取相应的管理费用，委托人自担投资风险并获得收益。金融机构可以与委托人在合同中事先约定收取合理的业绩报酬，业绩报酬计入管理费，须与产品一一对应并逐个结算，不同产品之间不得相互串用。

资产管理业务是金融机构的表外业务，金融机构开展资产管理业务时不得承诺保本保收益。出现兑付困难时，金融机构不得以任何形式垫资兑付。金融机构不得在表内开展资产管理业务。

私募投资基金适用私募投资基金专门法律、行政法规，私募投资基金专门法律、行政法规中没有明确规定的适用本意见，创业投资基金、

附录

政府出资产业投资基金的相关规定另行制定。

　　三、资产管理产品包括但不限于人民币或外币形式的银行非保本理财产品，资金信托，证券公司、证券公司子公司、基金管理公司、基金管理子公司、期货公司、期货公司子公司、保险资产管理机构、金融资产投资公司发行的资产管理产品等。依据金融管理部门颁布规则开展的资产证券化业务，依据人力资源社会保障部门颁布规则发行的养老金产品，不适用本意见。

　　四、资产管理产品按照募集方式的不同，分为公募产品和私募产品。公募产品面向不特定社会公众公开发行。公开发行的认定标准依照《中华人民共和国证券法》执行。私募产品面向合格投资者通过非公开方式发行。

　　资产管理产品按照投资性质的不同，分为固定收益类产品、权益类产品、商品及金融衍生品类产品和混合类产品。固定收益类产品投资于存款、债券等债权类资产的比例不低于80%，权益类产品投资于股票、未上市企业股权等权益类资产的比例不低于80%，商品及金融衍生品类产品投资于商品及金融衍生品的比例不低于80%，混合类产品投资于债权类资产、权益类资产、商品及金融衍生品类资产且任一资产的投资比例未达到前三类产品标准。非因金融机构主观因素导致突破前述比例限制的，金融机构应当在流动性受限资产可出售、可转让或者恢复交易的15个交易日内调整至符合要求。

　　金融机构在发行资产管理产品时，应当按照上述分类标准向投资者明示资产管理产品的类型，并按照确定的产品性质进行投资。在产品成立后至到期日前，不得擅自改变产品类型。混合类产品投资债权类资产、权益类资产和商品及金融衍生品类资产的比例范围应当在发行产品时予以确定并向投资者明示，在产品成立后至到期日前不得擅自改变。

225

产品的实际投向不得违反合同约定，如有改变，除高风险类型的产品超出比例范围投资较低风险资产外，应当先行取得投资者书面同意，并履行登记备案等法律法规以及金融监督管理部门规定的程序。

五、资产管理产品的投资者分为不特定社会公众和合格投资者两大类。合格投资者是指具备相应风险识别能力和风险承担能力，投资于单只资产管理产品不低于一定金额且符合下列条件的自然人和法人或者其他组织：

（一）具有2年以上投资经历，且满足以下条件之一：家庭金融净资产不低于300万元，家庭金融资产不低于500万元，或者近3年本人年均收入不低于40万元。

（二）最近1年末净资产不低于1000万元的法人单位。

（三）金融管理部门视为合格投资者的其他情形。

合格投资者投资于单只固定收益类产品的金额不低于30万元，投资于单只混合类产品的金额不低于40万元，投资于单只权益类产品、单只商品及金融衍生品类产品的金额不低于100万元。

投资者不得使用贷款、发行债券等筹集的非自有资金投资资产管理产品。

六、金融机构发行和销售资产管理产品，应当坚持"了解产品"和"了解客户"的经营理念，加强投资者适当性管理，向投资者销售与其风险识别能力和风险承担能力相适应的资产管理产品。禁止欺诈或者误导投资者购买与其风险承担能力不匹配的资产管理产品。金融机构不得通过拆分资产管理产品的方式，向风险识别能力和风险承担能力低于产品风险等级的投资者销售资产管理产品。

金融机构应当加强投资者教育，不断提高投资者的金融知识水平和风险意识，向投资者传递"卖者尽责、买者自负"的理念，打破刚性兑付。

七、金融机构开展资产管理业务，应当具备与资产管理业务发展相适应的管理体系和管理制度，公司治理良好，风险管理、内部控制和问责机制健全。

金融机构应当建立健全资产管理业务人员的资格认定、培训、考核评价和问责制度，确保从事资产管理业务的人员具备必要的专业知识、行业经验和管理能力，充分了解相关法律法规、监管规定以及资产管理产品的法律关系、交易结构、主要风险和风险管控方式，遵守行为准则和职业道德标准。

对于违反相关法律法规以及本意见规定的金融机构资产管理业务从业人员，依法采取处罚措施直至取消从业资格，禁止其在其他类型金融机构从事资产管理业务。

八、金融机构运用受托资金进行投资，应当遵守审慎经营规则，制定科学合理的投资策略和风险管理制度，有效防范和控制风险。

金融机构应当履行以下管理人职责：

（一）依法募集资金，办理产品份额的发售和登记事宜。

（二）办理产品登记备案或者注册手续。

（三）对所管理的不同产品受托财产分别管理、分别记账，进行投资。

（四）按照产品合同的约定确定收益分配方案，及时向投资者分配收益。

（五）进行产品会计核算并编制产品财务会计报告。

（六）依法计算并披露产品净值或者投资收益情况，确定申购、赎回价格。

（七）办理与受托财产管理业务活动有关的信息披露事项。

（八）保存受托财产管理业务活动的记录、账册、报表和其他相关资料。

（九）以管理人名义，代表投资者利益行使诉讼权利或者实施其他法律行为。

（十）在兑付受托资金及收益时，金融机构应当保证受托资金及收益返回委托人的原账户、同名账户或者合同约定的受益人账户。

（十一）金融监督管理部门规定的其他职责。

金融机构未按照诚实信用、勤勉尽责原则切实履行受托管理职责，造成投资者损失的，应当依法向投资者承担赔偿责任。

九、金融机构代理销售其他金融机构发行的资产管理产品，应当符合金融监督管理部门规定的资质条件。未经金融监督管理部门许可，任何非金融机构和个人不得代理销售资产管理产品。

金融机构应当建立资产管理产品的销售授权管理体系，明确代理销售机构的准入标准和程序，明确界定双方的权利与义务，明确相关风险的承担责任和转移方式。

金融机构代理销售资产管理产品，应当建立相应的内部审批和风险控制程序，对发行或者管理机构的信用状况、经营管理能力、市场投资能力、风险处置能力等开展尽职调查，要求发行或者管理机构提供详细的产品介绍、相关市场分析和风险收益测算报告，进行充分的信息验证和风险审查，确保代理销售的产品符合本意见规定并承担相应责任。

十、公募产品主要投资标准化债权类资产以及上市交易的股票，除法律法规和金融管理部门另有规定外，不得投资未上市企业股权。公募产品可以投资商品及金融衍生品，但应当符合法律法规以及金融管理部门的相关规定。

私募产品的投资范围由合同约定，可以投资债权类资产、上市或挂牌交易的股票、未上市企业股权（含债转股）和受（收）益权以及符合法律法规规定的其他资产，并严格遵守投资者适当性管理要求。鼓励充分运用私募产品支持市场化、法治化债转股。

十一、资产管理产品进行投资应当符合以下规定：

（一）标准化债权类资产应当同时符合以下条件：

1. 等分化，可交易。

2. 信息披露充分。

3. 集中登记，独立托管。

4. 公允定价，流动性机制完善。

5. 在银行间市场、证券交易所市场等经国务院同意设立的交易市场交易。

标准化债权类资产的具体认定规则由中国人民银行会同金融监督管理部门另行制定。

标准化债权类资产之外的债权类资产均为非标准化债权类资产。金融机构发行资产管理产品投资于非标准化债权类资产的，应当遵守金融监督管理部门制定的有关限额管理、流动性管理等监管标准。金融监督管理部门未制定相关监管标准的，由中国人民银行督促根据本意见要求制定监管标准并予以执行。

金融机构不得将资产管理产品资金直接投资于商业银行信贷资产。商业银行信贷资产受（收）益权的投资限制由金融管理部门另行制定。

（二）资产管理产品不得直接或者间接投资法律法规和国家政策禁止进行债权或股权投资的行业和领域。

（三）鼓励金融机构在依法合规、商业可持续的前提下，通过发行资产管理产品募集资金投向符合国家战略和产业政策要求、符合国家供给侧结构性改革政策要求的领域。鼓励金融机构通过发行资产管理产品募集资金支持经济结构转型，支持市场化、法治化债转股，降低企业杠杆率。

（四）跨境资产管理产品及业务参照本意见执行，并应当符合跨境人民币和外汇管理有关规定。

十二、金融机构应当向投资者主动、真实、准确、完整、及时披露资产管理产品募集信息、资金投向、杠杆水平、收益分配、托管安排、投资账户信息和主要投资风险等内容。国家法律法规另有规定的，从其规定。

对于公募产品，金融机构应当建立严格的信息披露管理制度，明确定期报告、临时报告、重大事项公告、投资风险披露要求以及具体内容、格式。在本机构官方网站或者通过投资者便于获取的方式披露产品净值或者投资收益情况，并定期披露其他重要信息：开放式产品按照开放频率披露，封闭式产品至少每周披露一次。

对于私募产品，其信息披露方式、内容、频率由产品合同约定，但金融机构应当至少每季度向投资者披露产品净值和其他重要信息。

对于固定收益类产品，金融机构应当通过醒目方式向投资者充分披露和提示产品的投资风险，包括但不限于产品投资债券面临的利率、汇率变化等市场风险以及债券价格波动情况，产品投资每笔非标准化债权类资产的融资客户、项目名称、剩余融资期限、到期收益分配、交易结构、风险状况等。

对于权益类产品，金融机构应当通过醒目方式向投资者充分披露和提示产品的投资风险，包括产品投资股票面临的风险以及股票价格波动情况等。

对于商品及金融衍生品类产品，金融机构应当通过醒目方式向投资者充分披露产品的挂钩资产、持仓风险、控制措施以及衍生品公允价值变化等。

对于混合类产品，金融机构应当通过醒目方式向投资者清晰披露产品的投资资产组合情况，并根据固定收益类、权益类、商品及金融衍生品类资产投资比例充分披露和提示相应的投资风险。

十三、主营业务不包括资产管理业务的金融机构应当设立具有独立法人地位的资产管理子公司开展资产管理业务，强化法人风险隔离，暂不具备条件的可以设立专门的资产管理业务经营部门开展业务。

金融机构不得为资产管理产品投资的非标准化债权类资产或者股权类资产提供任何直接或间接、显性或隐性的担保、回购等代为承担风险的承诺。

金融机构开展资产管理业务，应当确保资产管理业务与其他业务相分离，资产管理产品与其代销的金融产品相分离，资产管理产品之间相分离，资产管理业务操作与其他业务操作相分离。

十四、本意见发布后，金融机构发行的资产管理产品资产应当由具有托管资质的第三方机构独立托管，法律、行政法规另有规定的除外。

过渡期内，具有证券投资基金托管业务资质的商业银行可以托管本行理财产品，但应当为每只产品单独开立托管账户，确保资产隔离。过渡期后，具有证券投资基金托管业务资质的商业银行应当设立具有独立法人地位的子公司开展资产管理业务，该商业银行可以托管子公司发行的资产管理产品，但应当实现实质性的独立托管。独立托管有名无实的，由金融监督管理部门进行纠正和处罚。

十五、金融机构应当做到每只资产管理产品的资金单独管理、单独建账、单独核算，不得开展或者参与具有滚动发行、集合运作、分离定价特征的资金池业务。

金融机构应当合理确定资产管理产品所投资资产的期限，加强对期限错配的流动性风险管理，金融监督管理部门应当制定流动性风险管理规定。

为降低期限错配风险，金融机构应当强化资产管理产品久期管理，封闭式资产管理产品期限不得低于 90 天。资产管理产品直接或者间接投资于非标准化债权类资产的，非标准化债权类资产的终止日不得晚于封闭式资产管理产品的到期日或者开放式资产管理产品的最近一次开放日。

资产管理产品直接或者间接投资于未上市企业股权及其受（收）益权的，应当为封闭式资产管理产品，并明确股权及其受（收）益权的退出安排。未上市企业股权及其受（收）益权的退出日不得晚于封闭式资产管理产品的到期日。

金融机构不得违反金融监督管理部门的规定，通过为单一融资项目设立多只资产管理产品的方式，变相突破投资人数限制或者其他监管要求。同一金融机构发行多只资产管理产品投资同一资产的，为防止同一资产发生风险波及多只资产管理产品，多只资产管理产品投资该资产的资金总规模合计不得超过 300 亿元。如果超出该限额，需经相关金融监督管理部门批准。

十六、金融机构应当做到每只资产管理产品所投资资产的风险等级与投资者的风险承担能力相匹配，做到每只产品所投资资产构成清晰，风险可识别。

金融机构应当控制资产管理产品所投资资产的集中度：

（一）单只公募资产管理产品投资单只证券或者单只证券投资基金的市值不得超过该资产管理产品净资产的 10%。

（二）同一金融机构发行的全部公募资产管理产品投资单只证券或者单只证券投资基金的市值不得超过该证券市值或者证券投资基金市值

的 30%。其中，同一金融机构全部开放式公募资产管理产品投资单一上市公司发行的股票不得超过该上市公司可流通股票的 15%。

（三）同一金融机构全部资产管理产品投资单一上市公司发行的股票不得超过该上市公司可流通股票的 30%。

金融监督管理部门另有规定的除外。

非因金融机构主观因素导致突破前述比例限制的，金融机构应当在流动性受限资产可出售、可转让或者恢复交易的 10 个交易日内调整至符合相关要求。

十七、金融机构应当按照资产管理产品管理费收入的 10% 计提风险准备金，或者按照规定计量操作风险资本或相应风险资本准备。风险准备金余额达到产品余额的 1% 时可以不再提取。风险准备金主要用于弥补因金融机构违法违规、违反资产管理产品协议、操作错误或者技术故障等给资产管理产品财产或者投资者造成的损失。金融机构应当定期将风险准备金的使用情况报告金融管理部门。

十八、金融机构对资产管理产品应当实行净值化管理，净值生成应当符合企业会计准则规定，及时反映基础金融资产的收益和风险，由托管机构进行核算并定期提供报告，由外部审计机构进行审计确认，被审计金融机构应当披露审计结果并同时报送金融管理部门。

金融资产坚持公允价值计量原则，鼓励使用市值计量。符合以下条件之一的，可按照企业会计准则以摊余成本进行计量：

（一）资产管理产品为封闭式产品，且所投金融资产以收取合同现金流量为目的并持有到期。

（二）资产管理产品为封闭式产品，且所投金融资产暂不具备活跃交易市场，或者在活跃市场中没有报价、也不能采用估值技术可靠计量公允价值。

金融机构以摊余成本计量金融资产净值，应当采用适当的风险控制手段，对金融资产净值的公允性进行评估。当以摊余成本计量已不能真实公允反映金融资产净值时，托管机构应当督促金融机构调整会计核算和估值方法。金融机构前期以摊余成本计量的金融资产的加权平均价格与资产管理产品实际兑付时金融资产的价值的偏离度不得达到 5% 或以上，如果偏离 5% 或以上的产品数超过所发行产品总数的 5%，金融机构不得再发行以摊余成本计量金融资产的资产管理产品。

十九、经金融管理部门认定，存在以下行为的视为刚性兑付：

（一）资产管理产品的发行人或者管理人违反真实公允确定净值原则，对产品进行保本保收益。

（二）采取滚动发行等方式，使得资产管理产品的本金、收益、风险在不同投资者之间发生转移，实现产品保本保收益。

（三）资产管理产品不能如期兑付或者兑付困难时，发行或者管理该产品的金融机构自行筹集资金偿付或者委托其他机构代为偿付。

（四）金融管理部门认定的其他情形。

经认定存在刚性兑付行为的，区分以下两类机构进行惩处：

（一）存款类金融机构发生刚性兑付的，认定为利用具有存款本质特征的资产管理产品进行监管套利，由国务院银行保险监督管理机构和中国人民银行按照存款业务予以规范，足额补缴存款准备金和存款保险保费，并予以行政处罚。

（二）非存款类持牌金融机构发生刚性兑付的，认定为违规经营，由金融监督管理部门和中国人民银行依法纠正并予以处罚。

任何单位和个人发现金融机构存在刚性兑付行为的，可以向金融管理部门举报，查证属实且举报内容未被相关部门掌握的，给予适当奖励。

外部审计机构在对金融机构进行审计时，如果发现金融机构存在刚性兑付行为的，应当及时报告金融管理部门。外部审计机构在审计过程中未能勤勉尽责，依法追究相应责任或依法依规给予行政处罚，并将相关信息纳入全国信用信息共享平台，建立联合惩戒机制。

二十、资产管理产品应当设定负债比例（总资产/净资产）上限，同类产品适用统一的负债比例上限。每只开放式公募产品的总资产不得超过该产品净资产的140%，每只封闭式公募产品、每只私募产品的总资产不得超过该产品净资产的200%。计算单只产品的总资产时应当按照穿透原则合并计算所投资资产管理产品的总资产。

金融机构不得以受托管理的资产管理产品份额进行质押融资，放大杠杆。

二十一、公募产品和开放式私募产品不得进行份额分级。

分级私募产品的总资产不得超过该产品净资产的140%。分级私募产品应当根据所投资资产的风险程度设定分级比例（优先级份额/劣后级份额，中间级份额计入优先级份额）。固定收益类产品的分级比例不得超过3∶1，权益类产品的分级比例不得超过1∶1，商品及金融衍生品类产品、混合类产品的分级比例不得超过2∶1。发行分级资产管理产品的金融机构应当对该资产管理产品进行自主管理，不得转委托给劣后级投资者。

分级资产管理产品不得直接或者间接对优先级份额认购者提供保本保收益安排。

本条所称分级资产管理产品是指存在一级份额以上的份额为其他级份额提供一定的风险补偿，收益分配不按份额比例计算，由资产管理合同另行约定的产品。

二十二、金融机构不得为其他金融机构的资产管理产品提供规避投资范围、杠杆约束等监管要求的通道服务。

资产管理产品可以再投资一层资产管理产品，但所投资的资产管理产品不得再投资公募证券投资基金以外的资产管理产品。

金融机构将资产管理产品投资于其他机构发行的资产管理产品，从而将本机构的资产管理产品资金委托给其他机构进行投资的，该受托机构应当为具有专业投资能力和资质的受金融监督管理部门监管的机构。公募资产管理产品的受托机构应当为金融机构，私募资产管理产品的受托机构可以为私募基金管理人。受托机构应当切实履行主动管理职责，不得进行转委托，不得再投资公募证券投资基金以外的资产管理产品。委托机构应当对受托机构开展尽职调查，实行名单制管理，明确规定受托机构的准入标准和程序、责任和义务、存续期管理、利益冲突防范机制、信息披露义务以及退出机制。委托机构不得因委托其他机构投资而免除自身应当承担的责任。

金融机构可以聘请具有专业资质的受金融监督管理部门监管的机构作为投资顾问。投资顾问提供投资建议指导委托机构操作。

金融监督管理部门和国家有关部门应当对各类金融机构开展资产管理业务实行平等准入、给予公平待遇。资产管理产品应当在账户开立、产权登记、法律诉讼等方面享有平等的地位。金融监督管理部门基于风险防控考虑，确实需要对其他行业金融机构发行的资产管理产品采取限制措施的，应当充分征求相关部门意见并达成一致。

二十三、运用人工智能技术开展投资顾问业务应当取得投资顾问资质，非金融机构不得借助智能投资顾问超范围经营或者变相开展资产管理业务。

金融机构运用人工智能技术开展资产管理业务应当严格遵守本意见有关投资者适当性、投资范围、信息披露、风险隔离等一般性规定，不得借助人工智能业务夸大宣传资产管理产品或者误导投资者。金融机构应当向金融监督管理部门报备人工智能模型的主要参数以及资产配置的主要逻辑，为投资者单独设立智能管理账户，充分提示人工智能算法的固有缺陷和使用风险，明晰交易流程，强化留痕管理，严格监控智能管理账户的交易头寸、风险限额、交易种类、价格权限等。金融机构因违法违规或者管理不当造成投资者损失的，应当依法承担损害赔偿责任。

金融机构应当根据不同产品投资策略研发对应的人工智能算法或者程序化交易，避免算法同质化加剧投资行为的顺周期性，并针对由此可能引发的市场波动风险制定应对预案。因算法同质化、编程设计错误、对数据利用深度不够等人工智能算法模型缺陷或者系统异常，导致羊群效应、影响金融市场稳定运行的，金融机构应当及时采取人工干预措施，强制调整或者终止人工智能业务。

二十四、金融机构不得以资产管理产品的资金与关联方进行不正当交易、利益输送、内幕交易和操纵市场，包括但不限于投资于关联方虚假项目、与关联方共同收购上市公司、向本机构注资等。

金融机构的资产管理产品投资本机构、托管机构及其控股股东、实际控制人或者与其有其他重大利害关系的公司发行或者承销的证券，或者从事其他重大关联交易的，应当建立健全内部审批机制和评估机制，并向投资者充分披露信息。

二十五、建立资产管理产品统一报告制度。中国人民银行负责统筹资产管理产品的数据编码和综合统计工作，会同金融监督管理部门拟定资产管理产品统计制度，建立资产管理产品信息系统，规范和统一产品标准、信息分类、代码、数据格式，逐只产品统计基本信息、募集信息、资产负债信息和终止信息。中国人民银行和金融监督管理部门加强资产管理产品的统计信息共享。金融机构应当将含债权投资的资产管理产品信息报送至金融信用信息基础数据库。

金融机构于每只资产管理产品成立后 5 个工作日内，向中国人民银行和金融监督管理部门同时报送产品基本信息和起始募集信息；于每月 10 日前报送存续期募集信息、资产负债信息，于产品终止后 5 个工作日内报送终止信息。

中央国债登记结算有限责任公司、中国证券登记结算有限公司、银行间市场清算所股份有限公司、上海票据交易所股份有限公司、上海黄金交易所、上海保险交易所股份有限公司、中保保险资产登记交易系统有限公司于每月 10 日前向中国人民银行和金融监督管理部门同时报送资产管理产品持有其登记托管的金融工具的信息。

在资产管理产品信息系统正式运行前，中国人民银行会同金融监督管理部门依据统计制度拟定统一的过渡期数据报送模板；各金融监督管理部门对本行业金融机构发行的资产管理产品，于每月 10 日前按照数据报送模板向中国人民银行提供数据，及时沟通跨行业、跨市场的重大风险信息和事项。

中国人民银行对金融机构资产管理产品统计工作进行监督检查。资产管理产品统计的具体制度由中国人民银行会同相关部门另行制定。

二十六、中国人民银行负责对资产管理业务实施宏观审慎管理，会同金融监督管理部门制定资产管理业务的标准规制。金融监督管理部门实施资产管理业务的市场准入和日常监管，加强投资者保护，依照本意见会同中国人民银行制定出台各自监管领域的实施细则。

本意见正式实施后，中国人民银行会同金融监督管理部门建立工作机制，持续监测资产管理业务的发展和风险状况，定期评估标准规制的有效性和市场影响，及时修订完善，推动资产管理行业持续健康发展。

二十七、对资产管理业务实施监管遵循以下原则：

（一）机构监管与功能监管相结合，按照产品类型而不是机构类型实施功能监管，同一类型的资产管理产品适用同一监管标准，减少监管真空和套利。

（二）实行穿透式监管，对于多层嵌套资产管理产品，向上识别产品的最终投资者，向下识别产品的底层资产（公募证券投资基金除外）。

（三）强化宏观审慎管理，建立资产管理业务的宏观审慎政策框架，完善政策工具，从宏观、逆周期、跨市场的角度加强监测、评估和调节。

（四）实现实时监管，对资产管理产品的发行销售、投资、兑付等各环节进行全面动态监管，建立综合统计制度。

二十八、金融监督管理部门应当根据本意见规定，对违规行为制定和完善处罚规则，依法实施处罚，并确保处罚标准一致。资产管理业务违反宏观审慎管理要求的，由中国人民银行按照法律法规实施处罚。

二十九、本意见实施后，金融监督管理部门在本意见框架内研究制定配套细则，配套细则之间应当相互衔接，避免产生新的监管套利和不公平竞争。按照"新老划断"原则设置过渡期，确保平稳过渡。过渡期为本意见发布之日起至 2020 年底，对提前完成整改的机构，给予适当监管激励。过渡期内，金融机构发行新产品应当符合本意见的规定；为接续存量产品所投资的未到期资产，维持必要的流动性和市场稳定，金融机构可以发行老产品对接，但应当严格控制在存量产品整体规模内，并有序压缩递减，防止过渡期结束时出现断崖效应。金融机构应当制定过渡期内的资产管理业务整改计划，明确时间进度安排，并报送相关金融监督管理部门，由其认可并监督实施，同时报备中国人民银行。过渡期结束后，金融机构的资产管理产品按照本意见进行全面规范（因子公司尚未成立而达不到第三方独立托管要求的情形除外），金融机构不得再发行或存续违反本意见规定的资产管理产品。

三十、资产管理业务作为金融业务，属于特许经营行业，必须纳入金融监管。非金融机构不得发行、销售资产管理产品，国家另有规定的除外。

非金融机构违反上述规定，为扩大投资者范围、降低投资门槛，利用互联网平台等公开宣传、分拆销售具有投资门槛的投资标的、过度强调增信措施掩盖产品风险、设立产品二级交易市场等行为，按照国家规定进行规范清理，构成非法集资、非法吸收公众存款、非法发行证券的，依法追究法律责任。非金融机构违法违规开展资产管理业务的，依法予以处罚；同时承诺或进行刚性兑付的，依法从重处罚。

三十一、本意见自发布之日起施行。

本意见所称"金融管理部门"是指中国人民银行、国务院银行保险监督管理机构、国务院证券监督管理机构和国家外汇管理局。"发行"是指通过公开或者非公开方式向资产管理产品的投资者发出认购邀约，进行资金募集的活动。"销售"是指向投资者宣传推介资产管理产品，办理产品申购、赎回的活动。"代理销售"是指接受合作机构的委托，在本机构渠道向投资者宣传推介、销售合作机构依法发行的资产管理产品的活动。

　　年初和朋友聊天的时候，谈及是否要写一本关于保本基金的书，作为给这个特殊产品的一个纪念。毕竟，这样一个中国特色的产品在新规之后逐渐归于消亡，个人职业生涯中能够参与并见证这个产品的蓬勃发展和悄然落幕也是一件幸事。

　　真正动笔才发现，这样的题目写起来并不是如想象中那么容易。尽管对于保本基金的操作了然于胸，对于产品的特性、优缺点也自认为相对熟悉，但是如何将枯燥的投资常识用合适的方式展示给读者，并不是容易的事情。其中有些内容对于完全没有接触过投资的小白来说，会感觉有些艰涩；而对于具有丰富投资经验的成熟从业者来说，数据论证、逻辑分析方面也并不那么完善；有些原理讲得不够深入浅出，没有突出个人的特点，凡此种种，心里总是有些不甘。

　　即便如此，我希望这本书能够给初学者一个指引，给普通投资者一个大致的框架脉络，能够给专业投资人员一个历史的回顾，能够给读者一点点的思考，此足矣。

　　投资不是一门技术，而是一门艺术。这是读书时投资学老师教给我们的第一堂课，我们往往过于重视投资过程中的技术分析、数据分析，这些容易在书本中呈现，但是并不容易在实际投资过程中运用，理论与现实的距离或许只有 50 米，但是这是最难以逾越的 50 米。

　　投资人要对市场有敬畏之心，市场有无数的机会和诱惑，但是要更加深刻地认识组合和个人的诉求如何。惟有敬畏，方可进退有度，得失有据。

史彦刚